A DIVINA EUCARISTIA

- 2013 -

Nota explicativa

No início da terceira edição da presente coleção de uma parte dos Escritos e Sermões de São Pedro Julião Eymard, achamos por bem acrescentar um trecho do Prefácio à segunda edição francesa, feito pelo Reverendíssimo Padre Alberto Tesnière, Sacerdote Sacramentino que organizou esta Obra:

"O Reverendíssimo Padre Eymard deixou numerosas notas manuscritas sobre o Santíssimo Sacramento, notas que eram o fruto de suas orações e que serviam de base às suas pregações. Fazia o que ensinava; pregava como orava e aquilo que dissera a Nosso Senhor na intimidade do coração, repetia-o em alta voz para maior edificação e instrução dos seus auditores.

As notas estão tais quais no-las deixou o Padre Eymard. Apenas lhe acrescentamos, cá e lá, algumas modificações de estilo.

Às vezes, também, mudando a forma, pomos na boca do fiel se dirigindo a Nosso Senhor aquilo que o Padre dizia aos ouvintes.

Às meditações extraídas das notas do Padre Eymard ajuntamos algumas que foram recolhidas enquanto falava. Tal fonte não é nem menos pura, nem menos autêntica que a outra. O Padre Eymard lendo essas notas tomadas sob seu ditado, nelas reconheceu seu pensamento, sua mesma expressão. Eis a origem deste pequeno livro (e desta inteira coleção)."

Nihil obstat
Rio de Janeiro, 30 de maio de 1932

P. Tito Zazza, S.S.S.
Superior dos PP. Sacramentinos

Imprimatur
Por comissão especial do Exmo. e Revmo. Sr. Bispo de Niterói, D. José Pereira Alves
Petrópolis, 31 de maio de 1932

Frei Oswaldo Schlenger, O.F.M.

A DIVINA EUCARISTIA

Extratos dos Escritos e Sermões
de
SÃO PEDRO JULIÃO EYMARD

Fundador da Congregação do Santíssimo Sacramento
e das Servas do Santíssimo Sacramento

Tradução do Francês
de
Mariana Nabuco

3ª edição

Volume 1
(A Presença Real)

Fons Sapientiae

Distribuidora Loyola de Livros Ltda.
Rua Lopes Coutinho, 74 - Belenzinho
03054-010 São Paulo
Tel.: (11) 3322-0100
www.distribuidoraloyola.com.br

Visite nossas livrarias

Loja Senador
Rua Senador Feijó, 120 - Centro
01006-000 São Paulo, SP
lojasenador03@livrarialoyola.com.br

Loja Quintino
Rua Quintino Bocaiúva, 234 - Centro
01004-010 São Paulo, SP
lojaquintino05@livrarialoyola.com.br

Loja Campinas
Rua Barão de Jaguara, 1389 - Centro
13015-002 Campinas, SP
lojacampinas03@livrarialoyola.com.br

Loja Santos
Rua Padre Visconti, 08 - Embaré
11040-150 Santos, SP
lojasantos04@livrarialoyola.com.br

www.livrarialoyola.com.br

Introdução

Nem sempre é fácil fazer a apresentação de um escrito. Mais difícil se torna tal incumbência, quando, se trata de apresentar uma obra que foi escrita em outro tempo eclesial, uma vez que vivemos hoje a eclesiologia do **Vaticano II e de Santo Domingo**.

Mas os santos (entre eles **São Pedro Julião Eymard**) de ontem, de hoje e de amanhã são vencedores. São testemunhas do cordeiro de Deus e sinais da santidade de Igreja. Eles têm crédito. Ademais a Eucaristia é o Dom dos Dons. É nosso maior tesouro. É raiz e centro da comunidade cristã (cf AG 9; P06). "É fonte de vida da Igreja, penhor de futura glória; meio de chegar ao Pai" (cf UR 15). É preciso redescobrir a importância ímpar da Eucaristia na vida cristã: amá-la, recebê-la e adorá-la. (cf para isso NMI 35).

Felizes os que promovem o culto eucarístico, não só pelos livros, mas principalmente pelo exemplo da vida. Certamente não lhes faltarão as graças divinas.

Parabéns.

In Domino

+**Dom Carmo João Rhoden, scj**
/**Bispo Diocesano de Taubaté**

Prefácio à segunda edição francesa

Devemos, ao oferecer às almas amantes do Santíssimo Sacramento estes Temas de Adoração, dizer-lhes umas palavras sobre sua origem, bem como o fim que nos propomos ao publicá-los.

I

O reverendíssimo Padre Eymard deixou numerosas notas manuscritas sobre o Santíssimo Sacramento, notas que eram o fruto de suas orações e que serviam de base às suas pregações. Fazia o que ensinava, pregava como orava e aquilo que dissera a Nosso Senhor na intimidade do coração, repetia-o em alta voz para maior edificação e instrução dos seus auditores. Classificados, como estão por ordem, serão publicados em séries.

A primeira, hoje publicada, tem por fim a presença Real de Nosso Senhor no Santíssimo Sacramento, seu estado e sua Vida na Eucaristia. Dentro em breve aparecerão os temas de adoração sobre a Santa comunhão e em seguida outras séries sobre as virtudes cristãs formadas à escola da Eucaristia. As notas estão tais quais nos deixou o Padre Eymard. Apenas lhes acrescentamos, cá e lá, algumas modificações de estilo.

Às vezes, também mudando a forma, pomos na boca do fiel que se dirige a Nosso Senhor aquilo que o Padre dizia aos ouvintes. Este pequeno volume não será, portanto, um tratado seguido sobre a Eucaristia. Cada adoração constitui, mais ou menos, um todo suficiente para a piedade que reza, embora deixe talvez a desejar quanto ao ponto de vista dos métodos.

Às meditações extraídas das notas do Padre Eymard ajuntamos algumas que foram recolhidas enquanto falava. Tal fonte não é nem menos pura, nem menos autêntica que a outra. O Padre Eymard, lendo essas notas tomadas sob seu ditado, nelas reconheceu seu pensamento, sua mesma expressão. Eis a origem deste pequeno livro.

II

Como no-lo indica o título, são apenas temas de adoração. A adoração, ainda por fazer, e os desenvolvimentos, um tanto soltos, permitem à alma procurar em si e acrescentar, de acordo com a graça que lhe é própria, seus sentimentos pessoais.

Os cortes e as abreviações facilitarão o impulso do coração. Existe o necessário para guiar-nos, o que não nos dispensa de falarmos por nós mesmos. A adoração é um diálogo feito aos pés de Nosso Senhor, vivo e presente; é mister falar-lhe, interrogá-lo, ouvi-lo, responder-lhe.

Ler, somente, e não dar ao coração o tempo indispensável para se expandir na suave intimidade de Nosso

Senhor seria privar o divino Mestre daquilo com que conta em nossas visitas. Jesus, prisioneiro, espera de nós algumas palavras de consolação; amigo, gostaria de ouvir-nos exprimir-lhe nossa afeição.

Convém, portanto, de vez em quando, pôr de lado o livro, utilizando-nos dele tão-somente como se guia, ou quadro, fosse, e falar com o coração segundo as idéias próprias. Nosso Senhor compreende todos os dialetos e pouco importa a pureza de linguagem, conquanto proceda de um coração afetivo e amoroso.

Possam estes Temas de Adoração alimentar, na medida do possível, a devoção que cada dia mais se vai alastrando em direção ao Santíssimo Sacramento. Possam eles fazer compreender às almas que a Eucaristia não é tão-somente o Santo Sacrifício, ou a Comunhão, mas sim Nosso Senhor Jesus Cristo pessoalmente presente e vivo, e que aí está para amar o homem, com ele viver, ser-lhe o companheiro, o amigo, o consolador, o guia, obtendo em troca seu coração e a homenagem de seus pensamentos e de sua vida.

A benevolência com que foi recebida a primeira edição, tão rapidamente esgotada, enche-nos de esperança ao publicarmos esta segunda, sobre a qual pouco nos resta a dizer.

Por nos terem sido submetidas algumas observações sobre certas expressões, sobre certas minúcias, fizemos umas correções que, afetando unicamente o trabalho do editor, deixam em sua inteireza o pensamento do nosso venerável autor.

Quinze meditações inéditas aumentam consideravelmente esta nova edição.

Tanto as meditações sobre Nosso Senhor considerado na Eucaristia qual modelo de virtudes como as que tratam das relações do Santíssimo Sacramento com certas festas do ano cristão, completam o pensamento do inspirador da Primeira Série. Deixamos de lado alguns temas que poderíamos ter encaixado aqui. Tampouco consideramos todas as virtudes, todas as festas em relação à Eucaristia. Não tendo o Padre Eymard jamais cogitado em escrever um livro, não previa que suas palavras fossem um dia impressas. Deixemos às almas de oração completar o esboço. A nós compete-nos abrir-lhes o caminho; a elas percorrê-lo na oração e no recolhimento aos pés de Jesus-Hóstia. Não apresentamos um painel acabado, mas sim o quadro e o traçado do que se poderia chamar a Vida de Jesus Cristo no Santíssimo Sacramento do Altar.

Divina Eucaristia
Diretório para a adoração

A adoração "em espírito e em verdade"

"Pater tales quaerit qui adorent eum in Spiritu et veritate."

"O Pai procura adoradores em espírito e em verdade" (Jo 4,23).

I

A adoração eucarística tem por objeto a Pessoa Divina de Nosso Senhor Jesus Cristo, presente no Santíssimo Sacramento, que aí está vivo, desejando ouvir-nos falar-lhe e falar-nos também.

Todos podem falar a Nosso Senhor. Não está Ele aí para todos? E não nos diz Ele: "Vinde todos a mim"? E esse colóquio entre a alma e Nosso Senhor é a verdadeira meditação eucarística, é a adoração.

Todos recebem a Graça inerente. Mas, para alcançar êxito e evitar a rotina, ou a aridez do espírito e do coração, é mister inspirarem-se os adoradores seja na Graça que os atrai, seja nos diversos Mistérios da Vida de Nosso Senhor, da Santíssima Virgem ou nas virtudes dos Santos. Assim poderão honrar e glorificar o Deus da Eucaristia pelas virtudes de sua Vida mortal, bem como pelas virtudes de todos os Santos, de quem Ele foi a graça e o fim, e é hoje a coroa de glória.

Considerai a hora de adoração que vos cabe como uma hora celestial; ide a ela como iríeis ao Céu, ou ao banquete divino, e então será desejada e acolhida com alegria. E que vosso coração suspire suavemente por ela, dizendo: "Daqui a quatro horas, a duas horas, a uma hora apresentar-me-ei à audiência de graça e de Amor de Nosso Senhor; Ele convida-me, espera-me, deseja-me".

Se a hora pesar à natureza, regozijai-vos tanto mais. Por ser mais sofredor, vosso Amor será maior. É a hora privilegiada que contará por duas.

Quando, por enfermidade, por doença ou por impossibilidade, não puderdes fazer a adoração, deixai que vosso coração se entristeça um instante e depois, uni-vos em espírito àqueles que adoram nesse momento; começai vós também a adorar. No leito de sofrimento, em viagem, entregues ao trabalho do momento, guardai nessa hora um recolhimento maior e o fruto será o mesmo que se tivésseis estado aos pés do divino Mestre. Tal hora vos será contada, talvez até dobrada.

Apresentai-vos a Nosso Senhor tal qual sois. Seja vossa meditação natural e, antes de recorrer ao livro, esgotai o fundo de piedade e de Amor que está em vós. Amai o livro inesgotável da humildade e do Amor. Acompanhe-vos — é justo — o manual de devoção para repor-vos no bom caminho quando o espírito se distrair ou os sentidos se afrouxarem. Lembrai-vos, no entanto, que o bom Mestre prefere a pobreza de nosso coração ao pensar alheio, por mais sublime que seja.

Acreditai que Nosso Senhor quer o nosso coração, e não o do próximo, e deseja que tanto o pensamento como a oração desse mesmo coração sejam a expressão natural do Amor que lhe temos. Não querer chegar-se a Nosso Senhor com a miséria que nos é própria, ou a pobreza humilhada, é muitas vezes fruto de um amor-próprio sutil, da impaciência ou do temor. E, todavia, Nosso Senhor prefere isto a tudo o mais, a isto ama e abençoa.

Na aridez, glorificai a Graça de Deus, sem a qual nada podeis. É o momento de abrir a alma ao Céu, como a flor seu cálice ao sol nascente, a fim de gozar do orvalho benéfico. Na impotência radical do espírito, nas trevas, com o coração vergado sob o peso de seu nada, com o corpo sofrendo, fazei a adoração do pobre. Saí da vossa pobreza e ide permanecer em Nosso Senhor, ou então oferecei-lhe vossa pobreza para que a enriqueça. É obra-prima digna de sua glória.

Nas tentações e na tristeza, quando tudo em vós se revolta e vos leva a abandonar a oração, sob o pretexto de que ofendeis a Deus, que o menosprezais em vez de servi-lo, afastai essa tentação especiosa. É a adoração do combate, da fidelidade a Jesus contra vós mesmos. Não, não sois de modo algum desagradáveis a Jesus. Vosso Mestre está a vos olhar e alegra-se, Ele que permitiu a Satanás perturbar-vos. De nós espera a homenagem da perseverança até o derradeiro minuto do tempo que lhe devemos consagrar. Que a confiança, a simplicidade e o amor vos levem à adoração.

II

Quereis ser feliz no amor? Vivei continuamente da Bondade de Jesus Cristo, sempre nova para vós. Vede em Jesus seu Amor operando em vós. Contemplai a beleza de suas virtudes e a luz de seu Amor, de preferência ao seu ardor, pois o fogo do amor passa rapidamente, enquanto a verdade permanece.

Que o ato de amor dê início a toda adoração e abrireis então, de modo delicioso, vossa alma à ação divina. Se começardes por vós, ou por outra qualquer virtude que o amor, não podereis continuar, ou errareis o caminho. O filho, antes de obedecer, acaricia a mãe. O amor constitui a única entrada do coração.

Quereis ser nobres no amor? Falai ao Amor dele mesmo, falai a Jesus do seu Pai Celeste, que Ele tanto ama, falai-lhe dos trabalhos a que se aplicou pela sua glória, e então regozijareis seu Coração, e Ele vos amará cada vez mais.

Falai a Jesus do Amor que tem aos homens e seu Coração se dilatará de júbilo e de alegria, assim como o vosso. Falai-lhe de sua Santa Mãe, que Ele tanto amou, e lhe lembrareis sua felicidade enquanto Filho dedicado. Falai-lhe de seus Santos e glorificareis a Graça que neles derramou.

O verdadeiro segredo do amor está, pois, em se esquecer, com João Batista, a fim de exaltar e glorificar a Jesus Senhor nosso. O amor fiel não olha para o que dá, e sim para o que merece o bem-amado. Então Jesus, satisfeito, falar-vos-á de vós mesmos e dir-vos-á o Amor que vos tem. E, qual a flor úmida, esfriada pelo ar da noite, se abre aos raios do astro do dia, assim vosso coração se abrirá aos raios desse sol divino. Sua voz suave penetrará em vossa alma, como o fogo num corpo simpático. Direis com a Esposa dos Cânticos: "Minha alma se liqüefez de felicidade à voz do bem-amado". E ouvi-lo-eis em silêncio, ou antes, pelo ato mais doce e mais forte do Amor, chegar-vos-eis a Ele...

O que mais tristemente contraria o desenvolvimento da graça do Amor em nós é que, apenas chegados aos pés do bom Mestre, logo falamos de nós mesmos, de nossos pecados, de nossos defeitos, de nossa pobreza espiritual. E cansamo-nos o espírito contemplando nossas misérias, contristamos nosso coração pensando em nossa ingratidão e infidelidade. A tristeza traz consigo mesmo o pesar, e o pesar, o desânimo. Só a custo de humildade, de dor, de sofrimento, poder-se-á sair desse labirinto, para recobrar a liberdade, perante Deus.

Peço-vos proceder de outra maneira, e já que o primeiro movimento da alma determina, em geral, a obra inteira, quero que este seja para Deus. Dizei-lhe: "Ó meu bom Jesus, como estou feliz e contente de vir visitar-vos, de passar convosco uma hora inteira e dizer-vos meu amor. Que Bondade, a vossa, de me terdes chamado, e como sois amável de amar uma criatura tão pobre como eu. Ah! sim, desejo ardentemente amar-vos". O amor, então, abre-vos a porta do Coração de Jesus: entrai, amai, adorai.

III

Para fazer bem a adoração, é preciso lembrar-se de que Jesus Cristo, presente na Eucaristia, glorifica e continua todos os Mistérios, todas as virtudes, de sua Vida terrena; que a Santa Eucaristia é Jesus Cristo passado, presente e futuro, o supremo desenvolvimento da Encarnação e da Vida mortal do Salvador; que Jesus

Cristo aí nos dá todas as graças; que todas as verdades terminam na Eucaristia e que quem diz Eucaristia diz tudo, pois diz Jesus Cristo.

Seja, portanto, a Santíssima Eucaristia nosso ponto de partida na meditação dos mistérios, das virtudes e das verdades da religião, de que é o centro, enquanto as verdades são tão-somente os raios. Partamos do centro e forçosamente havemos de irradiar.

Haverá algo de mais simples do que comparar o nascimento de Jesus no presépio com seu nascimento sacramental no Altar e nos corações? Quem não vê a Vida escondida de Nazaré se continuar na Hóstia Santa do Tabernáculo e a Paixão do Homem-Deus sobre o Calvário se renovar no Santo Sacrifício a todo momento e em todos os lugares do mundo? Não está Nosso Senhor tão manso e humilde no Sacramento como em sua Vida mortal? Não é sempre o mesmo Bom Pastor, o Consolador divino, o Amigo dos corações? Feliz da alma que sabe encontrar a Jesus na Eucaristia, e na Eucaristia todas as coisas!

Diretório prático para a adoração

"Semper vivens ad inter-   "Jesus vive sempre e in-
pelandum pro nobis."   tercede por nós" (Hb 7,25).

O Santo Sacrifício da Missa é a mais sublime das orações; nele Jesus Cristo se oferece ao Pai, adora-o, agradece-lhe, repara e intercede em favor de sua Igreja, dos homens seus irmãos e dos pobres pecadores. E esta augusta oração, Jesus a continua incessantemente pelo seu estado de vítima na Eucaristia. Unamo-nos, por conseguinte, à prece de Nosso Senhor; rezemos com Ele, pelos quatro fins do Sacrifício, pois tal oração resume toda religião e compreende os atos de todas as virtudes.

I — Da Adoração

O ato de adoração eucarística tem por objeto divino a infinita excelência de Jesus Cristo, digno por ela mesma de toda honra e glória. Uni-vos, portanto, aos louvores da Corte Celeste quando, prostrada aos pés do trono do Cordeiro, ela exclama, tomada de admiração: "Àquele que está sentado no trono e ao Cordeiro que se imolou, honra, glória, ação de graça, virtude, poder e Divindade nos séculos dos séculos!"

Com os vinte e quatro anciãos, depositando aos pés do Cordeiro a homenagem de suas coroas, depositai vós também aos pés do Trono Eucarístico a homenagem de toda a vossa pessoa, de vossas faculdades e obras, dizendo-lhe: "A Vós só, Amor e glória!"

Contemplai em seguida a grandeza do Amor de Jesus instituindo, multiplicando, perpetuando a divina Eucaristia até o fim do mundo; admirai sua Sabedoria nessa invenção divina, que faz a admiração dos próprios Anjos; louvai seu Poder, que triunfou de todos os obstáculos; exaltai sua Bondade, que determinou todos os dons. Rompei em transportes de alegria e de amor ao ver que sois o próprio fim do maior e mais Santo dos Sacramentos, pois Jesus Cristo teria feito por vós o que fez por todos. Que excesso de Amor!

Na impossibilidade de amar a Jesus-Sacramentado como Ele o merece, invocai o socorro do Anjo da Guarda, fiel companheiro de vossa Vida. Ser-lhe-á tão agradável fazer, desde já, convosco, o que deverá fazer, eternamente, na glória! Adorai pela Santa Igreja esse Deus que ela vos confia, a fim de representá-la aos seus pés. Uni-vos a todas as adorações dos Santos na terra, dos Anjos e dos Santos no Céu, mas, sobretudo, uni-vos às adorações de Maria e de José, quando, únicos possuidores do Deus oculto, formavam toda a sua corte, toda a sua família.

Adorai, finalmente, a Jesus por Jesus mesmo. É esta a mais perfeita adoração. É Deus e Homem, vosso Salvador e Irmão ao mesmo tempo. Adorai o Pai Eterno pelo seu Filho, objeto de todas as suas complacências e vossa adoração terá o mesmo valor que a de Jesus, pois será sua.

II — Da ação de graças

A ação de graças é, para a alma, o mais suave e, para Deus, o mais agradável ato de amor; é a homenagem perfeita prestada à sua infinita Bondade. A Eucaristia constitui, portanto, o mais excelente agradecimento. Eucaristia significa ação de graças e Jesus, agradecendo ao Pai por nós, torna-se nossa mesma ação de graças.

Agradecei, pois, a Deus Pai de vos ter dado seu divino Filho não somente como Salvador na Encarnação, como Mestre da Verdade, como Salvador na Cruz, mas sobretudo como vossa Eucaristia, vosso Pão de Vida, vosso Céu antecipado.

Agradecei ao Espírito Santo, que diariamente, no Altar, continua a produzi-lo pelo sacerdote como o produziu, uma primeira vez, no seio virginal de Maria. Que vossa gratidão se eleve ao trono do Cordeiro, ao Deus oculto, qual incenso de agradável odor, qual belíssima harmonia da alma, qual amor puríssimo, o mais terno do vosso coração.

Agradecei na humildade de coração, como Santa Isabel em presença de Maria e do Verbo Encarnado; agradecei, com o estremecimento de João Batista ao sentir a presença do divino Mestre, oculto também no seio materno; agradecei com a alegria e generosidade de Zaqueu ao receber a visita de Jesus em sua casa; agradecei com a Santa Igreja, com a corte celestial. E para que vossa ação de graças seja contínua e sempre crescente, fazei como no Céu; considerai a Beleza, a Bondade sempre antiga e sempre nova do Deus eucarístico, consumindo-se e renascendo incessantemente no Altar por Amor a nós. Contemplai seu estado sacramental, os sacrifícios feitos desde o Cenáculo para chegar a nós; os combates sustentados contra sua própria Glória para rebaixar-se até o limite do nada, para sacrificar incondicionalmente sua Pessoa, sem tomar em consideração nem tempo nem lugar, entregando-se sem outra defesa que seu Amor, tanto ao amor como ao ódio do homem.

À vista de tamanhas bondades do Salvador para com todas as criaturas e para convosco — pois O possuís, Dele gozais, Dele viveis — abri vosso coração para que a gratidão brote, semelhante à labareda que se eleva do fogo ardente e que, envolvendo o Trono Eucarístico, se una, se confunda com esse centro divino, junto à chama radiante e devoradora do Coração de Jesus. Que estas duas chamas se elevem ao Céu, até ao trono de Deus Padre, que vos deu seu Filho, e nele à Santíssima Trindade toda inteira.

III — Da Propiciação

A reparação, ou propiciação, deve seguir-se à ação de graças. E, de alegre que estava, aos poucos o coração se entregará à tristeza, aos gemidos, às lágrimas, à mais pungente dor, ao considerar a ingratidão, a indiferença, a impiedade da maior parte das criaturas para com seu Salvador eucarístico. Quantos homens, depois de terem amado e adorado a Jesus, esquecem-no. Tornou-se Ele, então, pouco amável, deixou, por acaso, de amá-los? Ah! que ingratidão! E por ser seu Amor excessivo, por ser bom demais, não querem mais recebê-lo; e por se fazer pequeno demais, não o querem mais ver, fogem dele, afastam-no de sua presença, de sua lembrança para que os não importune e instigue.

Existe gente que, já por não poder ignorá-lo, a Ele tão terno Pai, tão doce Mestre, e para vingar-se do seu grande Amor, insultam-no, ultrajam-no, renegam-no. Fecham os olhos a esse Sol de Amor a fim de não o ver. E por entre tais ingratos, há virgens sacrílegas, sacerdotes indignos, corações apóstatas, serafins e querubins decaídos! Ah! é esta a parte grandiosa que vos cabe, a vós adoradores. É chorar aos pés de Jesus desprezado pelos seus, crucificado em tantos corações abandonado em tantos lugares; é consolar o Coração desse Pai amoroso, a quem o demônio, seu inimigo, arrancou os filhos. Prisioneiro eucarístico, não pode mais ir ao encalço das ovelhas desgarradas, expostas à raiva dos lobos famintos. Vossa missão é implorar pelos culpados, resgatá-los, pois a Misericórdia Divina exige corações suplicantes. É fazer-vos vítima de propiciação com Jesus Salvador, que, não podendo mais sofrer em seu estado ressuscitado, sofrerá em vós e por vós.

IV — Da súplica

Finalmente a súplica, ou impetração, deve coroar vossa adoração eucarística. Nem todos podem pregar a Jesus Cristo pela palavra, nem trabalhar diretamente pela conversão dos pecadores ou santificação das almas, mas todos os adoradores têm a missão de Maria aos pés de Jesus; é a missão apostólica da oração, e da oração eucarística, por entre os esplendores do culto, aos pés do trono da Graça e da Misericórdia. Orar é glorificar a Bondade infinita de Deus! É pôr em movimento a Misericórdia Divina, é regozijar, dilatar o Amor de Deus pelas criaturas, cumprindo a lei da graça, que é a oração — maior glorificação de Deus pelo homem, maior virtude deste. Na oração temos todas as virtudes, pois todas as virtudes preparam-na e compõe-na. É a fé que crê, a esperança que ora, a Caridade que roga para poder distribuir. A humildade do coração compõe a prece, a confiança exprime-a enquanto a perseverança triunfa do próprio Deus.

A oração eucarística tem mais uma excelência: visando diretamente o Coração de Deus, qual dardo flamejante, faz trabalhar, obrar, reviver a Jesus no seu Sacramento, e desata seu Poder. O adorador faz mais ainda: reza por Jesus Cristo, coloca-o no trono da Misericórdia, junto ao Pai, como advogado divino dos irmãos remidos.

Mas por que orar? Esta sentença, "Venha a nós o vosso reino", "*Adveniat regnun tuum*", constitui o fim e a regra da oração dos adoradores. Eles devem orar para que a luz da verdade de Jesus Cristo ilumine a todos os homens, mormente os infiéis, judeus, hereges, cismáticos, pedindo sua volta à verdadeira fé, à verdadeira Caridade.

Devem rezar para a extensão do reino de santidade de Jesus em seus fiéis, em seus religiosos, em seus sacerdotes, para que neles viva pelo Amor. Devem, sobretudo, rezar pelo Soberano Pontífice, segundo as intenções que lhe são caras; para o Bispo da Sé, segundo o ardor de seu zelo; para todos os sacerdotes da diocese, para que Deus abençoe seus labores apostólicos, os abrase de zelo pela sua glória e de amor pela Santa Igreja.

Para dar variedade às preces, os adoradores parafrasearão, seja a Oração dominical, seja a ladainha tão piedosa do Santo Nome de Jesus, seja a bela invocação: "Alma de Jesus santíssima, santificai-me! Corpo de Jesus, salvai-me; Coração puríssimo de Jesus, purificai-me, iluminai-me, abrasai-me; Sangue de Jesus, inebriai-me; Água sagrada do Lado de Jesus, lavai-me. Paixão de Jesus, fortificai-me, Jesus, escondei-me nas vossas Chagas; não permitais que jamais me separe de vós pelo pecado; defendei-me contra o espírito maligno; mandai que eu vá a vós na hora da morte, para louvar-vos eternamente em união com os Santos. Assim seja".

Não se afastem os adoradores da presença do seu divino Mestre, sem lhe patentear reconhecimento pela audiência de Amor; sem lhe pedir perdão pelas distrações e irreverências; sem lhe oferecer em homenagem de fidelidade uma flor de virtude, um ramalhete de pequenos sacrifícios. Então, qual o Anjo que deixa o trono de Deus para voar em cumprimento às ordens divinas, retirem-se do templo como de um Cenáculo.

Métodos de adoração segundo os quatro fins do Santo Sacrifício da Missa

Divide-se a hora de adoração em quatro partes. Em cada quarto de hora, honra-se a Nosso Senhor por um dos quatro fins do Sacrifício, a saber: "Adoração, ação de graças, propiciação e súplicas".

Primeiro quarto de Hora: Adoração

1.º) Adorai primeiro a Nosso Senhor em seu divino Sacramento pela homenagem exterior do corpo. Ajoelhai-vos, ao avistardes a Jesus na Hóstia adorável. Prosternai-vos, com profundo respeito, perante Ele, em sinal de dependência e de amor. Adorai-o em união com os Reis Magos, quando, a face contra a terra, adoraram o Menino Deus, pobremente enfaixado em seu humilde presépio.

2.º) Adorai a Nosso Senhor, depois desse primeiro preito silencioso e espontâneo, por um ato de fé exterior. Esse ato é mui útil para abrir-nos os sentidos, o coração e o espírito à piedade eucarística e vos abrirá também o Coração de Deus e seus tesouros de graças. Sede fiel a esta prática e fazei-a santa e devotamente.

3.º) Oferecei em seguida a Jesus Cristo a homenagem integral de vossa pessoa, particularizando cada uma das faculdades da vossa alma: o espírito, para melhor conhecê-lo; o coração, para amá-lo; a vontade, para servi-lo; o corpo e os diversos sentidos para, cada um a seu modo, glorificá-lo. Oferecei-lhe, sobretudo, a homenagem de vossos pensamentos para que a divina Eucaristia se torne o pensamento fiel de vossa vida; vossas afeições, chamando a Jesus o Rei e o Deus de vosso coração; a vontade, não desejando outra lei, outro fim que seu serviço, seu Amor, sua glória; a memória, para só vos lembrar dele e assim só dele, por Ele e para Ele viver.

4.º) E, por serem vossas adorações tão imperfeitas, uni-as às adorações de Maria Santíssima, em Belém, em Nazaré, no Calvário, no Cenáculo, aos pés do Tabernáculo. Uni-as a todas as adorações que se fazem nesse momento na Santa Igreja, às das almas piedosas e de toda a Corte Celeste que o glorifica no Céu, e vossa adoração participará da mesma santidade e do mesmo mérito.

Segundo Quarto de Hora: Ação de Graças

1.º) Adorai e bendizei o imenso Amor de Jesus para convosco nesse sacramento de si mesmo. Não querendo vos deixar só e órfão nesta terra de exílio e de miséria, Ele desce do Céu para fazer-vos companhia e ser vosso consolador. Agradecei-lhe, portanto, em união com os Santos, calorosa e ardentemente.

2.º) Admirai os sacrifícios que Ele se impõe a Si mesmo no estado sacramental: oculta sua Glória divina e corporal, para não vos ofuscar e cegar; vela sua Majestade, para que vos chegueis a Ele e lhe faleis de amigo a amigo; trava seu poder para não vos amedrontar e castigar; encobre a perfeição de suas Virtudes, para não desanimar vossa fraqueza; abranda até o ardor de seu Coração e de seu Amor para convosco por não lhe poderdes suportar a força e a ternura; patenteia-vos apenas a Bondade que, através das espécies Santas, quais raios solares por entre a nuvem ligeira, transparece e se evade. Ah! Jesus sacramentado é boníssimo! Recebe-vos a toda hora do dia e da noite. Seu Amor nunca repousa. É sempre dulcíssimo para convosco. Esquece, ao receber-vos, os pecados e as imperfeições, para só vos dizer sua alegria, sua ternura, seu Amor ao ponto de parecer que precisa de vós para ser feliz. Ah! agradecei-lhe, pois, a esse doce Jesus, com toda a efusão de vossa alma. Agradecei ao Pai de vos ter dado o Filho; agradecei ao Espírito Santo de tê-lo novamente encarnado no Altar, pelo ministério do sacerdote, e isso para vós pessoalmente. Convocai Céu e terra, Anjos e homens, para convosco agradecer, bendizer e exaltar tanto Amor.

3º) Contemplai o estado sacramental, em que Jesus se colocou por Amor de vós, e inspirai-vos nos seus sentimentos e na sua Vida. Na Eucaristia Ele está tão pobre quanto em Belém — ou mais ainda, já que lá Ele tinha sua Mãe e aqui não mais a tem. Ele nada traz consigo do Céu, exceto seu Amor e suas Graças. Vede como está obediente na Hóstia Santa; obedece com prontidão e docilidade a todos e aos seus mesmos inimigos. Admirai sua Humildade que desce à raia do nada, uma vez que se une sacramentalmente a espécies vis e inanimadas, sem nenhum apoio natural, sem nenhuma consistência a não ser a que lhes dá sua Onipotência, conservando-as por um milagre sempre renovado. Seu Amor por nós fê-lo nosso prisioneiro. Acorrentou-se, até o fim do mundo, na sua cadeia eucarística, vosso Céu na terra.

4.º) Uni-vos à ação de graças de Maria Santíssima após a Encarnação, e mormente após a Comunhão. Com ela, entoai jubilosos o *Magnificat* de vosso reconhecimento, de vosso Amor e repeti incessantemente: Ó Jesus-Hóstia, como sois bom, amoroso, amável!

Terceiro Quarto de Hora: Propiciação

1.º) Adorai e visitai a Jesus abandonado, desamparado pelos homens no seu Sacramento de Amor. A criatura encontra tempo para tudo, menos para visitar seu Deus e Senhor, que a espera e por ela suspira em seu Tabernáculo. A rua, as casas de diversão estão repletas; a morada de Deus está vazia. Foge-se, tem-se medo dela. Ah! doce Jesus, por acaso teríeis contado com tanta indiferença por parte daqueles que remistes, filhos e amigos vossos, de mim mesmo?

2.º) Chorai sobre Jesus traído, insultado, escarnecido, crucificado no seu Sacramento de Amor de modo muito mais indigno que no Jardim das Oliveiras, em Jerusalém, no Calvário. E são aqueles a quem mais honrou, mais amou, mais enriqueceu com seus dons e suas graças, que mais o ofendem, que, por sua falta de respeito no templo, roubam-lhe as honras devidas, crucificando-o novamente no corpo e na alma pela comunhão sacrílega, vendendo-o assim ao demônio, a quem elegeram senhor do coração e da vida. Ai de mim! Não estarei eu em culpa? Poderíeis imaginar, ó meus Jesus, que vosso excessivo Amor para com o homem seria objeto de sua malícia ao ponto de empregar contra vós as graças e os dons os mais preciosos? E eu, não vos fui eu infiel?

3.º) Adorai a Jesus e reparai tantas ingratidões, profanações e sacrilégios que vão pelo mundo. Oferecei nessa intenção todos os sofrimentos desse dia, dessa semana. Obrigai-vos a certas penitências que satisfaçam vossas ofensas e as de vossa família, ou daqueles a quem, pela falta de respeito nos lugares Santos ou pela pouca devoção, não soubestes edificar.

4.º) Mas, já por serem vossas satisfações e penitências tão insignificantes e fracas, incapazes por si de reparar tão numerosos crimes, uni-as às de Jesus, vosso Salvador, suspenso na Cruz. Recolhei o precioso Sangue que jorra das Chagas e oferecei-o à Justiça Divina em propiciação. Uni-vos às suas Dores e oração na Cruz, pedi, por elas, ao Pai Celeste, graça e Misericórdia para vós e para todos os pecadores. Uni vossa reparação à de Maria Santíssima aos pés da Cruz, ou do Altar, e tudo obtereis do Amor de Jesus por sua divina Mãe.

Quarto Quarto de Hora: Da Súplica

1.º) Adorai a Nosso Senhor em seu sacramento divino. Ele roga incessantemente ao Pai por vós, mostra-lhe suas Chagas a fim de enternecê-lo, seu Coração aberto sobre vós e por vós. Uni vossa prece à dele, pedi o que Ele pede.

2.º) Ora, Jesus pede ao Pai que abençoe, defenda e exalte sua Igreja, a fim de que esta o torne mais conhecido, amado e servido pelos homens. Rezai devotamente pela Santa Igreja, tão provada e perseguida na pessoa do Vigário de Jesus Cristo, para que Deus o livre dos seus inimigos — seus próprios filhos; que os sensibilize, os converta e os traga, humildes e penitentes, aos pés da Misericórdia e da Justiça. Jesus ora perpetuamente por todos os membros de seu sacerdócio, para que sejam cheios do Espírito Santo e de suas virtudes, de zelo pela sua glória e de todo dedicados à salvação das almas, que remiu à custa de seu Sangue e de sua Vida.

Orai bem pelo vosso Bispo, para que Deus vo-lo conserve e, abençoando seu zelo, o console. Rezai devotamente pelo vosso pastor, para que Deus lhe multiplique as graças necessárias para dirigir no caminho do bem seu rebanho, confiado por Ele à sua solicitude e à sua consciência. Rezai bem para que Deus conceda à sua Igreja numerosas e Santas vocações sacerdotais. Um sacerdote virtuoso é a maior bênção do Céu; pode, por si, salvar todo um país. Rezai pelas ordens religiosas, para que todas sejam fiéis às graças de sua vocação evangélica e para que todos os que Deus para lá chama tenham a coragem e o amor necessários para seguir o chamado divino e nele perseverar. O Santo, defende e salva o seu país: sua oração e suas virtudes mais valem que todos os exércitos da terra.

3.º) Orai pelo fervor e constância das almas piedosas que se dedicam ao serviço de Deus no mundo e lá vivem, como religiosas, de seu Amor e de sua Caridade. Carecem de maiores auxílios, pois maiores são os perigos e maiores os sacrifícios.

4.º) Pedi a conversão de algum grande pecador durante determinado prazo. Nada glorifica tanto a Deus como esses golpes repentinos de Graça. Finalmente pedi por vós, a fim de vos tornardes melhores e de passar santamente o dia. Oferecei a Jesus, vosso Rei e vosso Deus, um ramalhete de vossos dons e pedi-lhe sua benção.

O Pater Noster

"Amen, Amen, dico vobis quodcumque petieritis Patrem in nomine meo, hoc faciam, ut glorificetur Pater in Filio."

"Em verdade, em verdade vos digo, tudo que pedirdes ao meu Pai, em meu nome, Eu vo-lo darei, a fim de que o Pai seja glorificado no Filho" (Jo 14,13).

I. *Pai nosso que estais no Céu*, nos céus eucarísticos, a Vós que estais sentado nesse trono de graça e de Amor, bênção, honra, glória e poder nos séculos dos séculos.

II. *Santificado seja o vosso Nome*, primeiro em nós, pelo espírito de humildade, de obediência e de Caridade. Possamos nós, dedicados e humildes, tornar-vos conhecido, amado e adorado por todos na vossa Eucaristia.

III. *Venha a nós o Vosso Reino*, vosso reino eucarístico. Reinai Vós somente e para sempre sobre nós pelo império de vosso Amor, pelo triunfo de vossas virtudes sobre nossos defeitos, pelo poder da graça e da vocação eucarística. Dai-nos a graça e a missão do vosso Santo Amor, para que, todo-poderosos, possamos pregar, estender e alastrar por toda a parte vosso reino eucarístico e, deste modo, realizar o desejo que exprimistes nessas palavras: "Vim para trazer o fogo sobre a terra, e que mais desejo, senão vê-lo abrasar o mundo inteiro?" Ah! fôssemos nós os incendiários desse fogo celeste!

IV. *Seja feita a vossa vontade, assim na terra como no Céu*. Fazei que não tenhamos outra alegria que a de pensar em vós, de vos desejar e tão-somente querer. Que sempre, em todas as coisas, renunciando a nós mesmos, só na obediência à vossa vontade, sempre boa, bem-vinda e perfeita, tenhamos luz e Vida. E quanto ao estado e ao progresso da nossa família, quero o que quiserdes, porque o quereis, como o quereis, enquanto o quiserdes. Abaixo todos os nossos pensamentos, todos os nossos desejos, que não forem de vós, em vós e para vós!

V. *O pão nosso de cada dia nos dai hoje*. Senhor Jesus, que, no deserto, para socorrer o vosso povo, fizestes chover dia a dia o maná; que, sozinho, quisestes ser a parte e a herança dos Levitas; que legastes aos Apóstolos vossa pobreza divina, só a Vós em tudo escolhemos e queremos por ecônomo e dispenseiro; sede o nosso alimento e nossa coberta, nosso tesouro e nossa glória, nosso remédio na enfermidade e nossa proteção contra os inimigos e prometemos que nada receberemos, nada desejaremos receber da proteção humana ou da amizade mundana; vós, e só vós, sereis tudo para nós — os homens nada. Desses só queremos a cruz e o olvido.

VI. *Perdoai-nos as nossas dívidas*. Perdoai-me, ó Senhor Jesus, os pecados de minha mocidade; perdoai-me as faltas cometidas na minha santa vocação para que, o coração puro e a consciência calma, eu ouse aproximar-me com menor indignidade do vosso Santo Altar, servir-vos em toda a pureza e merecer louvar-vos com os Anjos e os Santos. Esquecei, Senhor, o mal que nos fizeram e não vos vingueis daqueles que se opõem a nós, caluniam e nos perseguem; pagai-lhes o mal com o bem, o crime com a graça, o ódio com o Amor.

VII. *Assim como nós perdoamos aos nossos devedores*. Sim, de todo coração, com verdadeira Caridade, de toda nossa alma, com simplicidade infantil. Desejamos, firmemente e sem reservas, procurar-lhes, a eles como a nós, todos os dons de vosso Amor.

VIII. *E não nos deixeis cair em tentação*. Afastai de vossa família eucarística as vocações falsas, mentirosas, impuras, e nunca permitais que esta família, pobre e humilde, venha a cair nas mãos dum orgulhoso, dum ambicioso, dum homem duro e iracundo. Não entregueis às feras imundas e perversas as almas que só em vós confiam.

Preservai esta vossa família do escândalo; guardai a virgem dos vícios, livre de toda servidão mundana, alheia ao século. Seja sua felicidade servir-vos na santidade, na liberdade, na paz e no repouso.

IX. *Mas livrai-nos do mal*. Livrai-nos do demônio impuro, soberbo e semeador de discórdias. Livrai-nos das solicitudes e ansiedades terrenas para que, com coração puro e espírito livre, consagremos tudo o que temos e somos ao vosso serviço eucarístico. Livrai-nos dos falsos irmãos, com receio de que venham a oprimir esta pequena sociedade, ainda na infância; dos sábios do século, com receio de que venham a corromper em nós a simplicidade de vosso espírito; dos homens doutos e soberbos, com receio de que venham a provocar vossa cólera; dos moles e efeminados, com receio de que venham a afrouxar o vigor da santa disciplina e o ardor da virtude; dos inconstantes e dúbios, com receio de que venham a enganar nossa simplicidade.

X. *Amém*. Espero em vós, ó Jesus, meu Senhor, e não serei confundido. Só vós sois Bom, só vós Poderoso, só vós Eterno: a vós só honra, glória, Amor e ação de graças nos séculos dos séculos.

A instituição da Eucaristia

"Cum dilexisset suos qui erant in mundo in finem dilexit eos."

"Jesus, tendo amado aos seus que estavam no mundo, amou-os até ao fim" (Jo 13,1).

Quão bom e amoroso é Jesus! Não contente de se ter feito nosso Irmão pela Encarnação, nosso Salvador pela Paixão — não contente de se ter entregue por nós, seu Amor leva-o ao ponto de tornar-se Sacramento de Vida para nossas almas. E com que alegria preparou Ele este dom, grande e supremo, de sua dileção. Com que júbilo instituiu Ele a Eucaristia e no-la legou por testamento!

Sigamos a Sabedoria divina na preparação eucarística. Adoremos seu Poder que a esgotou a si mesma nesse ato de Amor.

I

Vem de longe a revelação da Eucaristia feita por Jesus. É em Belém — *a morada do Pão, "domus panis"* — que nasce. É sobre a palha que repousa e esta parece sustentar na verdade a espiga do trigo verdadeiro. É ainda a Eucaristia que revela, que promete — promessa pública e formal — em Caná, e quando, no deserto, multiplica os pães. Afirma por juramento que há de dar sua Carne a comer e seu Sangue a beber. É a preparação remota.

Chega, porém, o momento da preparação próxima. E Jesus quer tudo preparar sozinho. O Amor não deixa a outrem o cuidado de cumprir suas obrigações, mas tudo faz por si. E nisso consiste sua glória. Ora, Jesus designa a cidade, Jerusalém, sede do sacrifício da Lei Antiga. Designa a casa, o Cenáculo. Escolhe os ministros da obra, Pedro — discípulo da fé —, e João — discípulo do Amor. Indica a hora, a derradeira de que, em Vida, poderá dispor. Finalmente vem de Betânia ao Cenáculo, alegre, apressando o passo, ansioso por lá chegar. É o Amor que voa ao encontro do sacrifício.

II

Eis agora a instituição do augusto Sacrifício. Momento solene! Soou a hora do Amor. É a páscoa mosaica que se consome; é o Cordeiro real que substitui o figurativo; é o Pão da Vida, o Pão do Céu, que toma o lugar do maná do deserto. Tudo está preparado. Os Apóstolos, a quem o Mestre acaba de lavar os pés, estão puros. Jesus senta-se modestamente à mesa, pois era mister participar da nova Páscoa sentado, repousando em Deus.

Faz-se, em torno, grande silêncio. Os Apóstolos, atentos, observam tudo. Jesus recolhe-se em si mesmo, toma o Pão nas suas Mãos Santas e veneráveis, eleva os Olhos ao Céu e, dando graças a seu Pai por ter chegado a hora ansiosamente esperada, estende a Mão e benze o Pão...

E, enquanto os Apóstolos, penetrados de profundo respeito, não ousam perguntar a significação desses símbolos tão misteriosos, Jesus pronuncia estas palavras arrebatadoras, tão poderosas como a palavra criadora: "Tomai e comei, isto é meu Corpo. Tomai e bebei, isto é meu Sangue". É o mistério de Amor que se consuma. É Jesus que cumpre com sua palavra. E nada mais lhe restando a dar que sua Vida mortal na Cruz, Ele a dará, para depois ressuscitar e tornar-se nossa Hóstia perpétua de propiciação, Hóstia de Comunhão, Hóstia de adoração.

O Céu extasia-se à vista desse mistério. A Santíssima Trindade contempla-o com amor. Os Anjos o adoram, tomados de admiração. Os demônios têm frêmitos de raiva nos infernos.

Sim, Jesus, tudo está consumado! Nada mais tendes a dar ao homem para lhe provar vosso Amor. Agora podeis morrer, e, na própria Morte, não nos deixareis. Vosso Amor eternizou-se na terra. Voltai ao Céu de vossa Glória; a Eucaristia será o Céu de vosso Amor.

Ó Cenáculo, onde estás tu? Ó Mesa Sagrada que trazes o Corpo consagrado de Jesus! Ó Lume Divino acendido por Jesus no monte Sião, arde, alastra tua chama e abrasa o mundo!

Ó meu Deus, haveis sempre de amar aos homens, porque estes hão de possuir sempre a Jesus Cristo, e não mandareis mais o raio ou o dilúvio devastar a terra. A Eucaristia é nosso arco-íris, e Jesus Cristo vosso Filho tendo amado aos homens, vós também os amareis.

Ah! nosso doce Salvador nos amou de fato. Não bastará para granjear nosso reconhecimento? Precisa mais para que lhe consagremos, em troca, nossa afeição e nossa Vida? Temos ainda algum desejo novo? Ai de nós! se o Amor de Jesus no Santíssimo Sacramento não conseguir ganhar nosso coração, Jesus fica vencido. Nossa ingratidão excede à sua Bondade, nossa malícia sobrepuja sua Caridade. Ah! não, dulcíssimo Redentor, vossa Caridade me insta, me atormenta, me enlaça! Quero consagrar-me ao serviço e à glória de vosso Sacramento; quero, pelo meu amor, fazer-vos esquecer minha ingratidão passada, e por minha dedicação presente alcançar perdão por vos ter tão tardiamente amado.

O Testamento de Jesus Cristo

"Hic calix novum testamentum est in meo sanguine."

"Este cálice de meu Sangue é meu testamento" (1Cor 11,25).

A Quinta-feira maior, véspera da Morte do Salvador, é o mais belo dia de sua Vida, dia da instituição do adorável Sacramento da Eucaristia, apogeu de seu Amor e de sua Ternura. Jesus Cristo se vai perpetuar por entre nós. Já na Cruz seu Amor é imenso e, ao morrer, dá-nos, é certo, sobejas provas de Amor. Mas suas Dores hão de passar; a Sexta-feira Santa só dura um dia, enquanto a Quinta-feira maior há de perdurar enquanto durar o mundo. Jesus se institui a si mesmo como Sacramento para todo o sempre.

I

Nesse dia, Nosso Senhor, lembrando-se que vai morrer e que é Pai, deseja redigir seu testamento. Ato solene em qualquer família, é por assim dizer o ato derradeiro da vida, o que se prolonga por além-túmulo.

O pai dá o que possui, porém a si mesmo não se pode dar, não se pertence, mas faz a cada filho, a cada amigo dedicado, uma doação. Nosso Senhor, todavia, dá-se a si mesmo. Não possui bens, nem riquezas, e a quem dele esperar algo de terreno, nada caberá. Uma Cruz, três Pregos, uma Coroa de Espinhos — eis toda a sua herança materna.

Ah! se Nosso Senhor distribuísse heranças, quantos os bons cristãos, quantos os discípulos! Mas Ele, ao contrário, nada tem, nem mesmo a glória humana, já que em sua Paixão será saturado de opróbrios. E, no entanto, quer redigir seu testamento. Com o quê? Consigo mesmo. É Deus e Homem; enquanto Deus é senhor de sua Santa Humanidade. Ele no-la dá e nela tudo que é.

Não é um empréstimo. É um dom real. Ele se imobiliza, assemelha-se a uma coisa, para podermos, em verdade, possuí-lo. Faz-se alimento. Seu Corpo, seu Sangue, sua Alma, sua Divindade, substituem a substância do pão oferecido. Não se o vê, tem-se-no. Nosso Senhor Jesus Cristo torna-se nossa herança, anseia por se dar a todos e nem todos o querem receber. E entre os que querem, há os que se recusam a aceitar as condições impostas, a saber: a pureza, a vida regular e, na sua malícia, anulam os legados divinos.

II

Admirai as invenções amorosas de Nosso Senhor! Foi Ele, e só Ele, quem inventou essa obra de seu Amor. Qual outro teria podido prevê-la, ousado sequer nela pensar?... Nem os próprios Anjos! E Ele sozinho a encontrou. Necessitais de Pão? Eu serei o vosso Pão.

E morreu contente, deixando-nos um Pão, e que Pão! É como o pai de família, que trabalha toda a Vida, só tendo em vista um fim: deixar aos filhos, ao morrer, o Pão da Vida.

Que mais nos podia dar Nosso Senhor? Nesse testamento de Amor, Ele a tudo incluiu — suas graças e sua própria glória. Nós podemos nos dirigir a Deus Pai e pedir-lhe as graças de que precisamos, alegando que pagaremos com Jesus-Hóstia, que nos pertence. "É meu e bem meu, posso comerciar com Ele, e todas as vossas graças, vossa mesma glória, ó Pai Celeste, são inferiores a tal Preço!"

Depois de pecarmos, resta-nos ainda uma Vítima para oferecer em troca de nossas faltas — Vítima essa que nos pertence: "Pai, eu vo-la ofereço. Em Jesus e por Jesus me haveis de perdoar. Ele certamente sofreu e reparou bastante. E, por maior que seja a graça concedida, Vós sempre sereis devedor. Jesus Cristo, nosso Tesouro, mais vale que o próprio Céu".

Os sarracenos, possuindo a São Luís, tinham a França por refém. Quanto a nós, possuindo a Jesus Cristo, gozamos antecipadamente o Céu. Utilizemo-nos dessa idéia para que Jesus Cristo frutifique por nós. A maior parte dos homens — e são numerosos — guardam-no sepultado em si, ou deixam-no no seu sudário, mas não se utilizam dele para ganhar o Céu, ou reconquistar reinos para Deus. Quanto a nós, utilizemo-nos de Jesus Cristo para orar e reparar. Paguemos com Jesus — é um Preço superabundante, acima de qualquer preço.

III

Mas, no passar destes dezoito séculos, como recebemos tal herança? Jesus Cristo confiou-a a tutores que a geriram e conservaram, a fim de no-la entregar por ocasião da maioridade. São os Apóstolos, e, no seu meio, o Chefe imperecível. Os Apóstolos, por sua vez, remeteram-na aos Sacerdotes, e estes no-la trazem, abrem-nos o testamento, dão-nos a Hóstia consagrada no pensamento de Nosso Senhor, na Ceia eucarística. Sim, porque para Jesus Cristo não existe passado, presente ou futuro e de todos nós se lembrou no momento solene. Consagrou de fato, e no seu desejo, todas nossas Hóstias e fomos amados pessoalmente dezoito séculos antes de nascer.

Sim, estávamos presente à Ceia e Jesus nos reservou não só uma Hóstia, mas cem Hóstias, mil Hóstias, para todos os dias de nossa Vida. E refletimos nisso? Jesus amou-nos em excesso. Nossas Hóstias estão prontas. A nós cabe não perder uma só delas. Nosso Senhor só vem para produzir frutos e não haveríamos de secundá-lo! Ah! fazei com que Ele frutifique por si mesmo. *Negotiamini!* Não deixeis as Hóstias permanecerem estéreis.

Quão bom é Jesus! A Ceia durou três horas; é a Paixão de seu Amor, e como esta lhe custou caro! Alega-se hoje em dia o preço elevado do Pão, mas que é isto em comparação do Pão celeste, do Pão da Vida? Participemos, pois, dele. Pertence-nos. Nosso Senhor no-lo comprou e pagou Ele mesmo o Preço altíssimo. Ele no-lo dá; a nós compete comê-lo. Ah! que honra, que Amor!!

O dom do Coração de Jesus

"Si scires Donum Dei!"   "Si conhecesses o Dom de Deus" (Jo 4,10).

Jesus chegou ao fim de sua Vida mortal; o Céu está a reclamar seu Rei. Depois de combater longamente, é chegada a hora do triunfo. Jesus, no entanto, não quer abandonar sua nova família, os filhos que acaba de gerar. "Vou-me e venho a vós", diz aos Apóstolos.

Senhor, partis, e partindo, permaneceis? E por que maravilha de vosso Poder? Ah! é o segredo, a obra de seu Coração divino. Jesus terá dois tronos, um de glória no Céu, outro de mansidão e de Bondade na terra. Duas cortes: a corte celeste, triunfante, e a corte terrestre, composta daqueles que foram remidos por Ele. E, ousamos afirmá-lo, se não lhe fosse possível permanecer simultaneamente cá e lá, havia de preferir ficar na terra conosco, a voltar ao Céu sem nós. Não deu Ele sobejas provas de que o último de seus pobres remidos lhe é mais caro do que toda a sua glória? E não pôs Ele suas delícias em estar com os filhos dos homens?

Como permanecerá Jesus conosco? Passageiramente, de vez quando? Não; permanecerá num estado perseverante e aqui ficará para sempre. E eis que surge na Alma de Jesus Cristo uma luta admirável. A Justiça divina protesta. Não está consumada a Redenção e fundada a Igreja? Não está o homem de posse da Graça e do Evangelho, da Lei divina e dos socorros necessários para praticá-la?

Responde o Coração de Jesus: "Aquilo que basta à Redenção não satisfaz ao meu Amor. A mãe não se contenta em dar à luz o filho, quer ainda amamentá-lo, educá-lo, acompanhá-lo por toda a parte. E Eu amo aos homens mais do que a mais tenra das mães jamais amou ao filho. Com eles permanecerei".

Sob que forma?... Sob a forma velada do Sacramento. Quer ainda a Majestade divina opor-se a semelhante humilhação — mais profunda que a Encarnação, que a mesma Paixão. A salvação do homem não pede tais rebaixamentos.

"Mas, replica o Sagrado Coração, quero velar-me, a Mim e à minha Glória, para que o brilho de minha Pessoa, como outrora a glória de Moisés, não ofusque aos meus pobres irmãos, impedindo-os de se chegarem a Mim. Quero velar minhas virtudes, que, humilhando o homem, o levariam a desesperar de jamais atingir modelo tão perfeito. E isto lhe permitirá chegar-se mais facilmente a Mim, e vendo-me descer até a raia do nada, comigo descerá também e terei então o direito de lhe dizer com maior força: *aprendei de mim que sou manso e humilde de Coração*".

De que modo se perpetuará Jesus? Na Encarnação foi o Espírito Santo o digno operador do mistério, e na Ceia Jesus agiu por sua própria virtude. Hoje quem merecerá servir de intermediário num mistério dessa natureza? Quem? Um homem. O Sacerdote!...

Exclama a Sabedoria divina: "Então um pobre mortal encarnará seu Salvador e seu Deus?

Será o cooperador do Espírito Santo nesta nova encarnação do Verbo Divino? Uma criatura dará ordens ao Rei imortal dos séculos e será obedecida?"

"Sim, responde o Coração de Jesus, Eu amarei ao homem ao ponto de me submeter a ele em tudo. Descerei dos Céus à chamada do Sacerdote, abandonarei o Tabernáculo a pedido dos fiéis, e irei visitar meus filhos através das cidades, até seu leito de dor..."

Insiste a Santidade divina: "Pelo menos ficareis num templo digno de vossa glória e tereis padres dignos de vossa realeza? Tudo na Nova Lei deve sobrepujar a beleza da Lei Antiga. Só vos receberão os cristãos puros, preparados com esmero para tal ato?"

"Meu Amor não conhece nem limites, nem condições, diz Jesus. Eu obedeci aos meus carrascos no Calvário. Se novos Judas vierem a Mim, Eu receberei ainda seu beijo infernal e lhes obedecerei".

Que quadro neste momento surge aos olhos de Jesus! Seu Coração está reduzido a combater suas próprias inclinações. As angústias do Jardim das Oliveiras se fazem pressentir. É a tristeza mortal de Getsêmani ao ver as ignomínias da sua Paixão que o esperam. Verte Lágrimas de Sangue ao pensar no seu povo, que, apesar do seu Sacrifício, se perderá, enquanto a apostasia de grande número de seus filhos o fere cruelmente.

E neste ponto, que luta se trava em seu Coração! Que agonia! Quer dar-se todo inteiro, sem reserva alguma. Mas estarão todos dispostos a crer em tanto Amor? E aqueles que nele creram recebê-lo-ão com reconhecimento? E os que receberem, ser-lhe-ão fiéis?

O Coração de Jesus não está nem indeciso, nem hesitante — está torturado! Vê a Paixão renovada diariamente no seu Sacramento de Amor, e renovada por corações cristãos — corações que lhe eram consagrados! Traído pela apostasia, vendido pelo interesse, crucificado pelo vício. E, desgraçadamente, o coração daqueles que o recebem torna-se-lhe muitas vezes um Calvário. Que sofrimento para o Coração divino! Que fará Ele? Ele se dará, e se dará apesar de tudo.

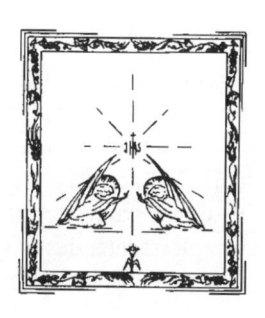

A presença real – O testemunho da Igreja

"Ecce Agnus Dei." "Eis o Cordeiro de Deus" (Jo 1,36).

Coube a João Batista, na terra, a missão de anunciar e mostrar o Salvador esperado e de preparar-lhe o caminho. A Igreja, por sua vez, cumpre a mesma missão para com Jesus-Eucaristia, missão mais extensa, mais constante, que compreende todos os países e todas as idades. Cumpre-a, mostrando a Jesus no Sacramento, pregando-o pela sua palavra, pelo testemunho de sua fé e de suas obras, pregação muda, tão eloqüente quanto a falada.

I

A Igreja se apresenta a nós tendo nos lábios a palavra Jesus Cristo, repetindo-a, explicando-a com uma autoridade igual à do Salvador: *Isto é o meu Corpo, isto é o meu Sangue*. Ela nos diz e devemos crer que, pela virtude divina destas palavras sacramentais, interpretadas pura e simplesmente, Jesus Cristo está presente verdadeira, real e substancialmente no Santíssimo Sacramento do Altar. Ela nos diz e devemos crer que Jesus Cristo, pela sua Onipotência, transforma a substância do Pão em seu Corpo, a substância do vinho em seu Sangue, e que sua Alma e sua Divindade se conservam unidas ao Corpo e Sangue. Ela nos diz e devemos crer que a obra divina da Transubstanciação se opera sempre na Igreja por meio dos Sacerdotes de Jesus Cristo, investidos por Ele no seu Poder quando os instituiu por estas palavras: *"Fazei isto em memória de mim"*.

E, desde a primeira Ceia, a Igreja proclama altamente, de século em século, esta fé. Seus Apóstolos tiveram uma mesma voz, seus filhos uma mesma fé e um mesmo amor, seus doutores uma mesma doutrina para com o Deus da Eucaristia.

Que majestade nessa voz do povo cristão que se ergue em peso! Quão bela e tocante é a harmonia de seus louvores e de seu amor! Um por um, verdadeiros filhos da Igreja querem trazer à presença e aos pés do divino Rei um tributo de homenagem, um dom de seu afeto — este o ouro, aquele a mirra, todos o incenso. Cada qual pede um lugar na Corte e na Mesa do Deus da Eucaristia.

Os próprios inimigos da Igreja, os sismáticos, grande parte dos hereges crêem na presença de Jesus Cristo na Eucaristia... Ah! É preciso, de fato, ser cego para negar a existência do sol — e por demais ingrato para desconhecer e desprezar o Amor de Jesus Cristo perpetuando-se por entre os homens. Quanto a nós, cremos no Amor de Jesus e sabemos que nada é impossível ao Amor de um Deus.

II

Ao testemunho de sua palavra, a Igreja acrescenta o de seu exemplo, de sua fé prática. E, semelhante a João Batista, que, depois de ter indicado o Messias, se lança a seus pés para atestar a vivacidade de sua fé, a Igreja consagra um culto solene, digo mais, todo o seu culto à Pessoa adorável de Jesus, que nos mostra no Santíssimo Sacramento.

Ela adora a Jesus Cristo enquanto Deus presente e oculto na Hóstia divina e presta-lhe as honras devidas tão-somente a Deus, prosternando-se ante o Santíssimo Sacramento como a Corte Celeste ante a Majestade divina. Aqui não há distinções: grandes e pequenos, reis e súditos, sacerdotes e fiéis, todos lançam-se igualmente ao pés do Deus da Eucaristia.

É Deus.

Não basta à Igreja atestar sua fé pela adoração; acrescenta-lhe ainda as honras públicas e pomposas. As maravilhosas basílicas significam sua Fé no Santíssimo Sacramento. Ela não quis edificar túmulos, mas sim templos, um Céu na terra, onde seu Salvador, seu Deus, encontrasse um trono digno dele.

Por uma atenção ciosa e delicada, a Igreja regula minuciosamente o culto da Eucaristia; não confia a ninguém o cuidado de honrar seu divino Esposo, pois em se tratando de Jesus Cristo realmente presente, tudo é grande, importante, divino.

E o que houver de puro na natureza, de precioso no mundo, será consagrado ao serviço real de Jesus. No culto católico, tudo se refere a esse mistério, tudo possui um sentido espiritual e celeste; tudo tem uma virtude, tudo encerra uma graça.

Quão recolhida se torna a alma na solidão, no silêncio do templo! Havíamos de exclamar: "Aqui há mais que Salomão, mais que um Anjo!" É verdade. Jesus Cristo, em cuja presença todo joelho se dobra no Céu, na terra e nos infernos, aí está e aí toda grandeza se eclipsa, toda santidade se humilha, se aniquila.

Jesus Cristo aí está!

A presença real – Testemunho de Jesus Cristo

"Videte quia ego ipse sum." "Vede, sou Eu"
(Lc 24,39).

A Igreja no-lo disse: Jesus Cristo está verdadeiramente presente na Hóstia Santa. Pois bem, Jesus mesmo manifesta sua presença de dois modos: interiormente, publicamente.

I

A manifestação interior realiza-se na alma do comungante. Jesus opera naquele que o recebe um tríplice milagre.

Milagre de reforma. Jesus torna-o senhor de suas paixões. O mesmo Jesus que disse: *"Tende confiança, Eu venci o mundo"*; à tempestade: *"Cala-te"*; diz ainda ao orgulhoso, ao avarento, ao homem atormentado pelas revoltas sensuais, ao escravo de suas inclinações perversas: *"Quebrai-lhe as cadeias para que ande em liberdade"*.

Quem comunga, sentindo-se mais forte ao afastar-se da Mesa Eucarística, pode exclamar com S. Paulo:

"Havemos de vencer todos os obstáculos por Aquele que nos amou". É uma mudança súbita, um fogo que se acende repentinamente. Não estivesse Jesus Cristo na Hóstia Santa e prodígios tão grandes não se haviam de dar. Mais difícil é reformar o temperamento, que o formar. Mais custa ao homem corrigir-se, vencer-se a si mesmo, do que praticar um ato exterior qualquer de virtude, embora heróico. O hábito é uma segunda natureza.

A Eucaristia, e só a Eucaristia — pelo menos no curso ordinário das coisas e nas experiências feitas — dá-nos a força para corrigir os maus hábitos que nos dominam.

Milagre de transformação. Existe apenas um meio de mudar a vida natural em sobrenatural, e é o triunfo da Eucaristia, onde Jesus Cristo faz Ele mesmo a educação do homem.

A Eucaristia, alargando nossa fé, ensinando-nos a amar, eleva, enobrece, purifica nosso amor, e o amor é o dom de si. Ora, na Eucaristia Jesus se dá todo inteiro, e ao conselho acrescenta o exemplo.

Transforma nosso próprio interior, comunica ao corpo certa graça, certa beleza — reflexo da beleza interior; transparece no semblante do comungante algo da Divindade, nas suas palavras a doçura, nos seus atos a suavidade, que manifestam a presença de Nosso Senhor. É o perfume de Jesus Cristo.

Milagre de força. A criatura esquece-se a si mesma, imola-se. É o homem confrontado com o infortúnio e tragando na Eucaristia uma força superior à desgraça. É o cristão encontrando, por entre as adversidades, as calúnias e as angústias, a calma e a paz na Eucaristia. É o soldado fiel de Jesus, vencendo as tentações, os assaltos humanos e infernais, pela Santa Comunhão.

Procurar-se-á em vão, fora do Sacramento, esta força sobre-humana. E se a Eucaristia no-la dá, é que Jesus, o Salvador, o Deus forte lá está verdadeiramente presente. Tal a manifestação interior da presença de Jesus Cristo no Santíssimo Sacramento.

II

Agora, quanto à manifestação pública. Já se viu pecadores, profanadores do augusto Sacramento castigados abertamente pela sua audácia. É Jesus afirmando sua justiça.

Antes da comunhão de Judas, o demônio tentava-o apenas, mas, mal acaba ele de receber sacrilegamente o Corpo de seu Deus, apodera-se dele *Satanás: "Et introivit in eum Satanas"*.

São Paulo descobriu nas Comunhões tíbias, ou más, dos coríntios a razão de sua apatia, de seu sono letárgico na prática do bem. *"Ideo multi imbeciles inter vos et dormiunt multi."* A história narra-nos exemplos terríveis de comungantes indignos, feridos subitamente pela Justiça Divina, ultrajada na Eucaristia.

Jesus manifesta ainda sua Força contra o poder infernal. Nos exorcismos, quando, depois de recorrer inutilmente a todos os meios para vencer os demônios, o exorcista lhes apresenta a Hóstia Santa, eles, soltando gritos de raiva, recuam ante seu Deus presente. Em Milão, S. Bernardo, depois do *Pater*, coloca o Cálice e a Patena sobre a cabeça de um possesso e o demônio, uivando furiosamente, retira-se. Jesus Cristo, Deus, lá estava.

Quantos doentes curados pela Eucaristia. Não nos é dado conhecer todos os fatos desta natureza, mas, afirma a história, Jesus continua a curar os enfermos pela virtude do Santíssimo Sacramento. S. Gregório Nazianzeno conta-nos um episódio comovente. Sua irmã, doente há longo tempo, levanta-se de noite, prosterna-se em frente ao Tabernáculo Santo e, no fervor de sua fé, exclama: "Senhor, não me retirarei daqui sem estar curada por Vós". E levanta-se sarada.

Finalmente, quantas aparições de Nosso Senhor sob formas diversas! Agrada-lhe renovar, de vez em quando, o milagre do Tabor. Tais manifestações não são necessárias, pois temos a mesma palavra da Verdade, mas servem para atestar a eficácia da Palavra de Jesus Cristo.

Sim, Senhor Jesus Cristo, cremos que estais presente no Santíssimo Sacramento do Altar, presente verdadeira e substancialmente. Aumentai, intensificai nossa fé.

A fé na Eucaristia

"Qui credit in me habet vita aeternam."

"Aquele que crê em Mim tem a Vida eterna" (Jo 6,47).

Quão felizes seríamos se tivéssemos uma fé viva no Santíssimo Sacramento, pois a Eucaristia é a verdade régia da fé; a virtude, o ato soberano do amor, é toda a religião em movimento. *Si scires donum Dei!* Ah! se conhecêssemos o dom de Deus!

A fé na Eucaristia é um tesouro que devemos procurar pela submissão, guardar pela piedade, defender por todos os sacrifícios. Não ter fé no Santíssimo Sacramento é a pior das desgraças.

I

Será possível que alguém, que acreditou e comungou, venha a perder de todo a fé no Santíssimo Sacramento? Ah! penso que não. O filho poderá desprezar o pai, insultar a mãe, mas não os conhecer, isto nunca! Assim também o cristão não poderá negar que comungou, nem esquecer que um dia foi feliz!

A incredulidade para com a Eucaristia jamais proveio da evidência das razões em contrário. Tal homem está entorpecido pelos afazeres do mundo e sua fé adormece: ele esqueceu. Mas vem a graça a despertá-lo – a simples graça da volta – e seu primeiro movimento o levará instintivamente à Eucaristia.

A incredulidade pode ainda provir das paixões que dominam o coração – e aquela paixão que quer reinar é cruel. Não satisfeita, é desdenhosa; atacada, nega. "Desde quando, perguntareis, não crerdes mais na Eucaristia?" E, volvendo à fonte da incredulidade, ver-se-á uma fraqueza, uma tentação às quais não se teve a coragem de resistir.

A incredulidade provém também de uma fé, por muito tempo, fraca e duvidosa. Ao ver tantos indiferentes, tantos incrédulos praticamente, ao ouvir as razões artificiais, os sofismas da falsa ciência, a alma se escandalizou. Por que não os castiga Nosso Senhor? Por que, se lá está, deixa-se ele insultar? Tanta gente honesta que, no entanto, nunca crê!

Eis a fé duvidosa que leva a não mais crer na Eucaristia. Desgraça profunda! Afastam-se então, como os habitantes de Cafarnaum, daquele cujas palavras são a Verdade e a Vida!

II

A que conseqüências se expõe quem não crê na Eucaristia? Começa por negar o Poder Divino. Será possível que Deus esteja nessa ínfima aparência? Nunca! Quem o poderia crer? E acusa a Jesus Cristo de mentiroso, pois o Salvador afirmou: "Isto é meu Corpo, isto é meu Sangue". E despreza a Bondade Divina , quais os discípulos que, ao ouvir a promessa eucarística, se retiraram e abandonaram o Mestre. E, pouco a pouco, a fé nos outros Mistérios se abalará até se dissipar. Quem não crê neste Mistério Vivo, que se afirma por uma fato presente, não há de crer em nada. Sua virtude, em breve, se tornará estéril, perderá seu alimento natural, cortará as relações com Jesus Cristo, de quem extraía toda a sua força. E, não olhando mais para seu modelo, dele se esquecerá.

A piedade, sem centro de vida, nem de afeição, em breve se estancará. Então, nas contradições da vida, desaparecerão as consolações, nas tribulações, por demais fortes, surgirá o desespero! A tristeza, que não se abre junto ao coração amigo, acaba por nos abafar!

III

Devemos crer, portanto, na Eucaristia e repetir sempre: "Creio, Senhor, mas ajuda minha fé cambaleante." Nada é mais glorioso para Nosso Senhor do que esse ato de fé na sua presença eucarística.

É honrar de modo eminente sua Veracidade Divina! A maior honra que podemos prestar a alguém é crer na sua palavra, e a maior injúria, é suspeitá-lo de mentira, pôr em dúvida sua palavra, pedir-lhe provas, garantias. Ora, se o filho crê na palavra do pai, o servo na do amo, o súdito na do rei, por que não crer na palavra de Jesus Cristo, afirmando-nos solenemente que está presente no Santíssimo Sacramento?

O ato da fé simples e absoluto na sua palavra é para ele mais glorioso também por reconhecê-lo e adorá-lo no seu estado velado. A honra que se presta ao amigo disfarçado, ao rei simplesmente vestido, excede a qualquer outra; então honra-se na verdade, a pessoa, e não o hábito!

O mesmo se dá com Jesus no Santíssimo Sacramento. Honrá-lo, crer que é Deus apesar do véu da fraqueza que o cobre, é honrar sua Pessoa divina, respeitar o mistério em que se envolve. E nosso mérito é bem maior. Com Pedro confessando a Divindade do Filho do homem, e o bom ladrão a inocência do Crucificado, afirmamos ser Jesus Cristo mesmo, embora aparente o Pão. Mais ainda, é crer o contrário do que nos dizem os sentidos, apoiando-nos unicamente na certeza de sua palavra infalível. Ah! Devemos crer na presença real de Jesus na Eucaristia. Que o respeito se apodere de nós ao entrarmos na igreja, pois Jesus Cristo aí está; respeito todo de fé e de amor em presença do próprio Jesus Cristo de quem nos aproximamos. Seja este nosso apostolado, nossa prédica. Nenhum mais eloqüente para conquistar os ímpios e os incrédulos.

A maravilha de Deus

"Memoriam fecit mirabilium tuorum..."

"Eis o memorial, resumo de todas as maravilhas de Deus" (Sl 110,4).

Se a Eucaristia – a maravilha das maravilhas no dizer de Santo Tomás – é obra de um imenso Amor, esse Amor teve a seu serviço um Poder Infinito: a Onipotência de Deus. E para disso se convencer, basta-nos meditar no que a fé da Igreja nos ensina sobre tal Mistério.

I

A primeira maravilha operada na Eucaristia, é a Transubstanciação. Jesus, em primeiro lugar, e os sacerdotes em segundo, por ordem e instituição suas, tomando o pão e o vinho, pronunciam sobre essa matéria as palavras da consagração e logo toda a substância do pão, toda a substância do vinho desaparecem, mudadas no sagrado Corpo e no Sangue adorável de Jesus Cristo. Sob a espécie do Pão e sob a do Vinho, está presente verdadeira, real e substancialmente o Corpo glorioso do Salvador.

Do pão e do vinho permanecem apenas as aparências: a cor, o sabor, o peso. Os sentidos dizem-nos que é pão e vinho, mas a fé afirma-nos que é o Corpo e o Sangue de Jesus, velados sob os acidentes, subsistentes apenas por um milagre, milagre que só o Todo-Poderoso pode operar por ir de encontro às leis ordinárias, existirem as qualidades dos corpos sem estes para sustentá-las. É obra de Deus, sua Vontade é para ele a razão de ser, como é a razão de ser de nossa existência. Deus pode tudo o que quer, e isto não exige esforço superior àquilo.

Eis a primeira maravilha da Eucaristia.

II

A segunda, contida na primeira, é que esse milagre se renova à simples palavra de um homem, do Sacerdote, e isso tantas vezes quanto o desejar, pois tal é o Poder que Deus lhe comunicou; ele quer Deus sobre o altar e Deus aí está! O sacerdote opera a mesma, a idêntica maravilha que operou Jesus Cristo na Ceia Eucarística, de quem recebe o Poder, em cujo Nome procede. E Nosso Senhor nunca resistiu à palavra de um seu Sacerdote.

Milagre do Poder de Deus: a criatura fraca, mortal, encarna Jesus sacramentado!

III

Jesus no deserto, tomando cinco pães, abençoa-os e dá-os aos Apóstolos para nutrirem cinco mil homens — imagem fraca dessa outra maravilha da Eucaristia, o milagre da multiplicação.

Jesus ama os homens, a eles quer se dar inteira e pessoalmente. Cada qual terá sua parte no maná vital. É mister, por conseguinte, multiplicar-se tantas vezes quantos comungantes houver que o queiram receber, e cada vez que o queiram. É preciso estender-se, até certo ponto, a Mesa Eucarística ao mundo todo. E isto se dá pelo seu Poder; todos o recebem em sua inteireza, com tudo que é. Cada Hóstia consagrada contém-no e, se for partida, Jesus estará todo inteiro sob cada partícula. Em vez de dividi-lo, a fração da Hóstia multiplica-o. Quem dirá o número de Hóstias postas por Jesus, desde o Cenáculo, à disposição de seus filhos!

IV

Jesus não somente se multiplica nas Santas Partículas, mas, ao mesmo tempo, por uma maravilha ligada a esta, está simultaneamente por toda a parte. Nos dias de sua Vida mortal, Ele permanecia num mesmo lugar, habitava uma só casa, sendo dado a alguns ouvintes privilegiados gozar de sua palavra, de sua presença. Hoje em dia, no Santíssimo Sacramento, está Ele, por assim dizer, por toda a parte ao mesmo tempo. Sua Humanidade participa, de certo modo, da Imensidade Divina que tudo enche. Jesus está em sua inteireza em todos e cada um dos Templos. Estando os Cristãos, membros do Corpo místico de Jesus Cristo, dispersos pela superfície da terra, é preciso que Ele, que é a alma deles, esteja por toda a parte, em todos os corpos, dando a vida e mantendo-a em cada um dos seus membros.

Senhor Jesus, adoramos vosso Poder, que multiplicou tais maravilhas, a fim de que pudésseis permanecer no meio dos vossos filhos, pôr-vos ao seu alcance e pertencer-lhes inteiramente.

Os sacrifícios eucarísticos de Jesus

"Dilexit me, et tradidit semetipsum pro me." "Ele me amou e se sacrificou por mim" (Gl 2,20).

Quais os caracteres distintivos do amor? O amor se distingue pelos sacrifícios, tanto os que inspira como os que aceita com alegria. Amor sem sacrifício é amor oco, amor-próprio disfarçado. Se quisermos, portanto, conhecer a grandeza do Amor de Jesus-Hóstia para com o homem, avaliar o preço de seu Amor, vejamos os sacrifícios exigidos pela Eucaristia. São os mesmos da Paixão do Homem-Deus. Aqui, como lá, Jesus Cristo imola sua Vida civil, sua Vida natural, sua Vida divina.

I

O grande Amor de Jesus Cristo para conosco foi a causa de sua Paixão. Nela é declarado fora da lei e, enquanto seu povo o renega e calunia, cala-se e não se defende. Está entregue à mercê dos inimigos, sem a menor proteção, sem reclamar para si o direito do mais vulgar dos acusados. Imola suas prerrogativas de cidadão, de homem probo, à salvação, ao Amor de seu povo.

Na Eucaristia Jesus Cristo aceita ainda essa imolação de sua Vida civil. Não tem direito a coisa alguma. A lei não o reconhece. A Ele, o Deus feito Homem, o Salvador do gênero humano, cabe apenas uma palavra no código das nações que remiu. É ignorado no meio dos seus. *Medius vestrum stetit quem vos nescitis.*

Não recebe na sociedade a menor honra. Em diversos países, é suprimida a Festa do Corpo de Deus. Jesus Cristo não pode sair, nem mostrar-se em público, mas, sim, pode esconder-se, porquanto o homem tem vergonha dele. *Non novi hominem: Não o conheço!* E quem são aqueles que dele se envergonham? Maometanos, judeus? Não, cristãos!

A Eucaristia ainda está indefesa, desprotegida. Conquanto o exercício do culto não seja publicamente perturbado, pode-se injuriar, cometer sacrilégios, pois a ninguém interessa. Jesus-Eucaristia está, por conseguinte, desamparado dos homens. Tomará, então, o Céu a sua defesa? Não. Como no tempo de Caifás e Pilatos, Jesus é entregue pelo Pai à vontade dos pecadores. *Tradidit eum voluntati eorum.*

E Jesus, ciente de tudo isso, ao instituir a Eucaristia, livremente escolheu tal estado? Sim, quis ser nosso modelo, nosso consolo nas tristezas, nas perseguições da vida. E até o fim do mundo assim permanecerá para ser o exemplo e a graça de cada um de seus filhos. Ele ama-nos.

Jesus Cristo na sua Paixão acrescenta, ao sacrifício de seus direitos, a imolação de tudo que constitui o homem: a imolação da Vontade, da beatitude da Alma, que deixou invadir por angústia mortal; a imolação da Vida na Cruz. Não lhe bastou ao Amor fazê-la uma só vez. Quis continuar na Eucaristia essa Morte natural. Para imolar sua Vontade enquanto Deus, obedece á criatura; Rei ao súdito; Libertador ao escravo. Obedece aos sacerdotes, aos fiéis, aos justos, aos pecadores; obedece sem resistência, sem ser preciso violentá-lo. Obedece aos próprios inimigos, a todos com a mesma boa vontade; não somente na Missa, ao pronunciar o Sacerdote as palavras da Consagração, mas a todo momento do dia e da noite, segundo as necessidades dos fiéis. Seu estado permanente é o estado de simples obediência. Será isto, de fato, possível?

Ah! se fosse dado ao homem conhecer o Amor da Eucaristia! Em sua Paixão Jesus foi ligado, perdendo sua liberdade. Aqui, Ele se liga a si mesmo, preso pelas cadeias perpétuas e radicais de suas promessas, preso às Espécies Santas, às quais se une intimamente pelas palavras sacramentais. Na Eucaristia está sem movimento próprio, sem ação, embora possua em si a plenitude da Vida Ressuscitada, como se estivesse na cruz ou no túmulo.

Está sob a dependência absoluta do homem, qual Prisioneiro de Amor. É para ele impossível partir as cadeias, abandonar a prisão eucarística. Constituiu-se nosso prisioneiro até o fim dos tempos! A isso se comprometeu. É o contrato de Amor que se estende até aí.

Quanto à beatitude da Alma, Jesus, glorioso e ressuscitado, não pode suspender-lhe o enlevo e os gozos, como outrora, em Getsêmani. Só no homem, no cristão, seu membro indigno, a perderá.

E Jesus, quantas vezes vê a ingratidão, o ultraje, que o vêm atingir, os cristãos imitarem os judeus! Ele chorou um dia sobre Jerusalém culpada e a nós, ama-nos muito mais, e nossos pecados, nossa queda afligem-no de outro modo que a queda dos judeus. Ah! quantas lágrimas não derramaria Jesus no Sacramento, se lhe fosse dado chorar!

Na Hóstia, Jesus, impossibilitado de morrer realmente, toma pelo menos um estado de Morte aparente. As espécies são consagradas em separado para lembrar a perda de Sangue que, jorrando do Corpo, deu lugar à sua Morte dolorosa. Dá-se-nos Ele na Comunhão, consumindo-se, aniquilando-se sob as espécies.

Finalmente, Jesus expõe sua Vida sacramentada às profanações dos ímpios quando estes destroem as Santas Espécies. Expõem-se aos pecadores que o crucificam na alma indigna ao recebê-lo, ligando-o ao demônio, senhor absoluto de suas pessoas. *Rursum crucifigentes sibimetipsis Filium Dei.*

III

Assim, tanto quanto lhe permite seu estado ressuscitado, Jesus, na Eucaristia, imola sua Vida natural. Na sua Paixão não poupara sua Vida divina; na Eucaristia tampouco a poupará.

Não se vê a sua Glória, a Majestade, o Poder; é apenas o Homem das Dores, o amaldiçoado de Deus e dos homens. Isaías não o reconhecia sob os escarros e as Chagas que manchavam sua augusta Face. Na sua Paixão, Jesus só deixava transparecer seu Amor — infelizes daqueles que não o quiseram reconhecer! Foi preciso que um ladrão adorasse sua Divindade e proclamasse sua inocência, e que a natureza chorasse seu Criador.

No Sacramento, continua Jesus, com Amor maior, essa imolação de seus Atributos Divinos. Do Poder de Jesus Cristo, da sua Glória, só transluz uma paciência que chegaria a causar escândalo se não soubéssemos a infinidade do Amor que nos tem, a loucura do Amor: *Insanis Domine!*

Nosso doce Salvador parece dizer-nos: "Será que não faço bastante para vós? Que não mereço vosso Amor? Que mais lhe posso acrescentar? Que sacrifícios me resta a fazer?" Ah! desgraçado daquele que esquece tanto Amor! O inferno não nos parece forte demais para ele... Não nos entreguemos, porém, a tal idéia...

A Eucaristia é a prova suprema do Amor de Jesus para conosco, porque é o sacrifício supremo.

A Eucaristia e a Morte do Salvador

"Quotiescumque... mortem Domini annuntiabitis donec veniat."

"Todas as vezes que consagrardes o Mistério Eucarístico, anunciareis a Morte do Salvador" (1Cor 11,26).

I

Seja qual for o aspecto sob o qual encaremos a Eucaristia, lembra-nos ela de modo frisante a Morte de Nosso Senhor. Instituiu-a na véspera de morrer, na noite em que se entregou: *"Pridie quam pateretur in nocte qua tradebatur"*. O nome que lhe é dado é o testamento fundado no seu Sangue: *"Hoc testamentum est in sanguine meo"*.

O estado de Jesus é um estado de Morte. Nas aparições de Bruxelas em 1290 e de Paris em 1369, mostrou suas Chagas, qual nossa Vítima Divina. Sem movimento, sem vontade, assemelha-se ao cadáver que é carregado. Em redor, reina silêncio mortal; seu altar é um túmulo que encerra ossos de mártires. Encima-o uma cruz, alumia-o a lâmpada, como alumia os túmulos. Envolve a Hóstia Santa, o Corporal, novo sudário — *novum sudarium*.

O Sacerdote, ao celebrar o Sacrifício, traz sobre si as insígnias da Morte; os paramentos Santos são todos ornados da cruz, que ainda traz pela frente e pelas costas. É sempre a Morte, sempre a cruz. Tal o estado da Eucaristia considerada em si mesma.

II

Considerada enquanto Sacrifício e Comunhão, é a Morte de modo mais sensível ainda. O sacerdote pronuncia, em separado, sobre as matérias do pão e do vinho, as palavras sacramentais, de forma que, pela virtude intrínseca destas palavras, o corpo deveria estar separado do sangue — e isto equivale a morrer. Se a Morte não se apresenta em verdade, é que o estado glorioso e ressuscitado de Jesus Cristo a tal se opõe, mas, ao menos, subtrai Ele da Morte tudo quanto pode; reveste-lhe a forma e vemo-lo qual Cordeiro imolado por nós. E assim Jesus Cristo continua na sua Morte mística o Sacrifício da Cruz, renovado deste modo milhares de vezes pelos pecados do mundo.

Na Comunhão consome-se a Morte do Salvador. O coração do comungante torna-se-lhe o túmulo, pois cessa o estado sacramental ao dissolver-se, sob a ação do calor natural, as Santas Espécies: Jesus-Hóstia não mais se encontra em nós sacramentalmente. É a Morte do Sacramento, a consumação do holocausto.

Túmulo glorioso no coração do justo, túmulo ignominioso no coração do pecador. Na alma purificada, Nosso Senhor depõe, ao perder a entidade sacramental, sua Divindade, seu Espírito Santo, e em virtude disto, um gérmen de ressurreição; mas na alma culpada, Jesus não sobrevive, a Eucaristia frustrou seu fim. A Comunhão torna-se uma profanação. É a Morte violenta e injusta de Nosso Senhor crucificado por novos carrascos.

III

Por que quis Nosso Senhor estabelecer uma relação tão íntima entre o Sacramento da Eucaristia e a sua Morte? Primeiro, para lembrar-nos o preço que lhe custou seu Sacramento. A Eucaristia com efeito, é o fruto da Morte de Jesus.

A Eucaristia é um testamento, um legado, que só tem efeito pela Morte do testador. Jesus precisou morrer para validar seu testamento. Digamos, portanto, cada vez que estivermos em presença da Eucaristia: "Este precioso testamento custou a Jesus Cristo a Vida — prova de seu imenso Amor, pois Ele mesmo disse que não há amor maior do que dar a vida pelo amigo".

Em Jesus, morrendo para deixar-nos a Eucaristia, para no-la conquistar, temos a suprema prova de seu Amor. Quantos pensam nesse valor da Eucaristia? E, todavia, aí está Jesus a no-lo dizer. Mas, quais filhos desnaturados, só queremos utilizar-nos e gozar das riquezas sem pensar naquele que no-las mereceu em troca de sua própria Vida.

IV

Segundo para nos redizer incessantemente quais devem ser os efeitos da Eucaristia em nós. Em primeiro lugar deve fazer-nos morrer ao pecado e às inclinações viciosas; em segundo, morrer ao mundo, crucificando-nos com Jesus Cristo e exclamando com S. Paulo: *"Mihi mundus crucifixus este et ego mundo"*. Em terceiro, morrer a nós mesmos, aos nossos gostos, desejos, sentidos para nos revestir de Jesus Cristo de tal forma que Ele viva em nós e que nós sejamos apenas seus membros, dóceis a suas vontades.

E, finalmente, para nos fazer participar da sua ressurreição gloriosa. Jesus Cristo se semeia em nós. Ao Espírito Santo cabe reanimar esse gérmen e por ele dar-nos novamente a Vida, Vida gloriosa que jamais terá fim.

Tais algumas das razões que levaram Jesus Cristo a envolver nas insígnias da Morte esse Sacramento de Vida, Sacramento onde reina glorioso e triunfa seu Amor.

Ele quer pôr-nos incessantemente sob os olhos o quanto lhe custamos e quanto devemos fazer para corresponder ao seu Amor. "Ah! Senhor, dir-lhe-emos com a Santa Igreja, Vós que, nesse admirável Sacramento, nos deixastes uma lembrança tão viva de vossa Paixão, concedei-nos tratar o Sagrado Mistério de vosso Corpo e Sangue com respeito tal, que mereçamos sentir em nós a todo momento os frutos de vossa Redenção."

A Eucaristia, necessidade do Coração de Jesus

"Desiderio desideravi hoc Pascha manducare vobiscum."

"Desejei ardentemente comer esta Páscoa convosco" (Lc 22,15).

A Eucaristia é algo de superabundante na obra da Redenção. A Justiça Divina não a exigira de Jesus Cristo. A Paixão, o Calvário bastavam para nos reconciliar com Deus e reabrir-nos as portas da casa paterna. Por que, então, instituir Nosso Senhor a Eucaristia?

Instituiu-a para si mesmo, para satisfazer-se, para contentar seu Coração. E a Eucaristia, vista por este prisma, é a mais divina, mais terna, mais amante das coisas; seu caráter, sua natureza, tornam-se, então, Bondade, ternura expansiva. E embora não devêssemos dela nos aproveitar, Nosso Senhor a teria instituído, e isso por três motivos.

I

Em primeiro lugar, porque, sendo nosso irmão, queria satisfazer sua afeição fraternal. Nenhuma ternura é mais viva, nenhum amor mais expansivo que este Amor, pois a amizade, querendo igualdade, só entre irmãos a encontrará inteira.

Ora, o Amor fraternal de Jesus excede toda imaginação. Conta-nos a Escritura que as almas de Davi e de Jônatas, coladas uma à outra, só uma formavam. Seja, porém, qual for a união entre duas pessoas, cada qual guardará um princípio de egoísmo, isto é, de orgulho. Em Nosso Senhor nada disso; amava-nos incondicionalmente, sem se tomar em consideração.

Jesus não considera se correspondemos, ou não, ao seu Amor; persegue-nos com ímpeto sempre crescente. Ora, o irmão ao irmão quer ver, com ele viver. Jônatas, longe de Davi, suspirava. A Nosso Senhor pesava-lhe a idéia de nos abandonar. Queria conservar-se ao nosso lado para nos repetir: "Sois meus irmãos!" Palavras repassadas de ternura! Nenhuma outra qualidade de Jesus demonstra tanta amizade. Por toda a parte e sempre, Ele é o benfeitor, o Salvador. A amabilidade doce e familiar não encontramos em parte alguma, como na Eucaristia.

A Eucaristia, nivelando os homens, constitui a verdadeira igualdade. No próprio templo há dignidades; na Mesa de Jesus, primogênito, somos todos irmãos. Ah! por que pensar somente na Majestade e na Santidade de Nosso Senhor, ao aproximarmo-nos da Mesa Eucarística, em vez de dar expansão à nossa ternura! Guardemos esses sentimentos para quando meditarmos nos demais mistérios.

II

Nosso Senhor quer ainda permanecer entre nós enquanto Salvador. Sua idéia não é só aplicar-nos os méritos da Redenção — há tantos outros meios, a oração, os sacramentos etc. —, mas gozar de seu título de Salvador, fruir de sua vitória.

A mãe ama duplamente o filho que salvou do perigo. Nosso Senhor, custamos-lhe tão caro, fez tanto para nós – precisava amar-nos com terno Amor para consolar-se dos sofrimentos do Calvário, amar-nos de acordo com o preço pago. Quem salvou alguém, não o abandonará, mas antes pelo contrário, tendo exposto sua vida para salvá-lo, o amará como a si mesmo, encontrando nisso indizível satisfação.

O Coração de Nosso Senhor não se deixará vencer pelo coração duma mãe. Ser-lhe-ia preferível deixar os Anjos a nos deixar a nós. Rever-nos é para ele uma necessidade. Dois amigos, cuja amizade foi cimentada num campo de batalha, ao se encontrarem após longos anos, precisam dar expansão à mútua alegria.

Empreendem-se longas viagens para visitar um amigo de infância. E por que não terá Nosso Senhor idênticos sentimentos, bons e louváveis? Na Eucaristia Ele conservou suas Chagas, conservou-as para serem sua glória e consolação, por lhe redizerem seu Amor para conosco. E que prazer lhe damos ao virmos agradecer-lhe seus benefícios, seus sofrimentos.

Se Ele instituiu a Eucaristia foi, em grande parte, para encontrar consolação nas suas Dores, na sua pobreza, na sua cruz. Mendiga a compaixão e a correspondência a tão grande Amor e quer estar com aqueles a quem ama, e ama-nos a nós porque nos salvou.

III

Finalmente, se Nosso Senhor permanece conosco e testemunha-nos tanto Amor na Eucaristia, é porque seu divino Pai nos ama infinitamente e Ele precisa saldar tal dívida.

Sente-se, por vezes, uma súbita afeição por algum estranho, a quem jamais se vira. Um traço característico, uma recordação, uma circunstância, lembram-nos um amigo querido e inspiram simpatia por quem faz reviver o ente querido. O amigo do amigo também nos atrai, embora não o conheçamos, somente por ser caro a este. O coração que ama, fácil e instintivamente quer bem a tudo que diz respeito ao amigo.

O mesmo se dá com Jesus. O Pai ama-nos e Nosso Senhor, amando ao Pai, em virtude desse Amor a nós também nos amará, independente de qualquer outra razão. O Filho de Deus, não pode, de modo algum, esquecer aquele a quem o Pai ama.

Invertamos a ordem das coisas e digamos a Nosso Senhor: "Ah! agradeço-vos, sem dúvida, terdes instituído a Eucaristia para meu bem, mas, dulcíssimo Salvador, fui eu quem deu causa a isso, a mim deveis tê-lo podido instituir. Se nela gozais do vosso título de Salvador, de irmão, sou eu ainda quem deu o motivo a tais títulos. A mim deveis o poder continuar a fazer o bem, a salvar as almas. Sois devedor a todos nós do vosso belo título de Irmão."

Demais, se Nosso Senhor mendiga adoradores, nós lhe somos necessários e sua Graça atinge-nos e chama-nos. Ele nos quer. Sem adoradores não haveria Exposição e Ele permaneceria no Tabernáculo. Na Missa, o acólito, por representar o povo, os fiéis, torna-se indispensável. A nós cabe realizar as condições da realeza de Jesus.

Escrutai este pensamento, que vos elevará, vos enobrecerá e em vós suscitará um ilimitado desejo de crescer no Amor, pois a nobreza impõe muitas obrigações.

Repeti sempre em Santa liberdade, fitando a Nosso Senhor: Sim, doce Mestre, Vós sois o devedor.

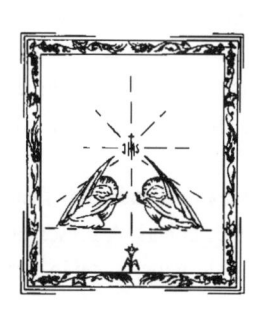

A Eucaristia, necessidade do nosso coração

"Fecisti nos ad te, Deus!"   "Fizestes nosso coração para Vós, ó meu Deus" (Sto. Agostinho).

Por que está Jesus Cristo na Eucaristia? Tal pergunta, se pode ter muitas respostas, tem no entanto uma que a todas resume: Jesus Cristo está na Eucaristia porque nos ama e quer que nós o amemos. O Amor, eis a razão de ser da instituição da Eucaristia.

Sem ela, o Amor de Jesus Cristo seria apenas um Amor de Morte, passado, esquecido dentro em breve — e isso sem culpa da nossa parte. Só a Eucaristia satisfaz plenamente as leis e as exigências do amor. Jesus Cristo, dando-nos nela provas de Amor infinito, tem direito de ser nela amado.

Ora, o amor natural, tal qual Deus no-lo pôs nos corações, requer três coisas. A presença ou sociedade de vida, a comunhão de bens, a união perfeita.

I

A ausência é a aflição, o tormento da amizade. O afastamento diminui e, ao ser prolongado, dissipa a mais forte amizade. Estivesse Nosso Senhor ausente, afastado, o amor que lhe temos passaria, em virtude do efeito dissolvente dessa mesma ausência. É da essência, da natureza do amor humano reclamar, para viver, a presença do objeto amado.

Olhai para os pobres Apóstolos, enquanto Nosso Senhor jaz no túmulo, para os discípulos de Emaús, que confessam terem quase perdido a fé. Não gozam mais da presença do divino Mestre.

Ah! não nos tivesse Nosso Senhor deixado outro legado de seu Amor senão Belém e o Calvário e quão depressa o teríamos esquecido! Que indiferença! O amor quer ver, ouvir, conversar, apalpar.

Nada substitui o ente querido, nem lembrança, nem dons, nem retratos; nada disso tem vida. E quão bem sabia Nosso Senhor que nada poderia tomar seu lugar, pois carecemos dele mesmo. Não nos basta então sua palavra? Não, já não vibra, já não ouvimos as tocantes expressões dos lábios do Salvador. E seu Evangelho? É um testamento. E os Sacramentos, não dão eles Vida? Só o autor da Vida poderia entretê-la em nós. E a Cruz? Ah! sem Jesus quão triste é! E a esperança? Sem Jesus é uma agonia. Os protestantes têm tudo isso e quão frio e quão glacial é o protestantismo!

Poderá então Jesus reduzir-nos a um estado tão triste, qual o de viver e combater sozinhos? Ah! sem Jesus, presente entre nós, seríamos por demais desgraçados.

Exilados, sós no mundo, obrigados a privar-nos dos bens, das consolações terrestres, enquanto aos mundanos é dado satisfazerem todos os seus desejos, a vida se tornaria insuportável.

Mas com a Eucaristia! Com Jesus em nosso meio, quantas vezes sob o mesmo teto, dia e noite, a todos acessível, a todos esperando na sua morada sempre aberta; admitindo as crianças, chamando-as com acentuada predileção, a vida torna-se menos amarga. É o pai amoroso, rodeado dos filhos. É a vida de sociedade com Jesus.

E que sociedade, quanto nos engrandece e nos eleva! E quão fáceis são as relações de sociedade, de recurso ao Céu, a Jesus Cristo em pessoa! Convivência suave, simples, familiar e íntima, assim Ele a quis.

II

O amor quer comunhão de bens, quer tudo possuir em comum. Quer partilhar da felicidade e da infelicidade. É-lhe natural, instintivo dar, dar com alegria, com júbilo. E com que profusão, que prodigalidade concedera Jesus Cristo, no Santíssimo Sacramento, seus merecimentos, suas graças, sua própria glória! Que desvelo em dar, sem jamais recusar!

Dá-se a si mesmo, a todos e a todo momento, espalhando pelo mundo as Hóstias consagradas para que todos os seus filhos as recebam. No deserto, dos cinco pães multiplicados, sobraram doze cestas cheias, e todos deles participaram.

Jesus-Eucaristia quereria envolver o mundo na sua nuvem sacramental, fecundar os povos com essa água vivificante, que, depois de ter desalterado e reconfortado o último de seus eleitos, se perderá no oceano eterno. Ah! Jesus-Hóstia é nosso, todo nosso!

III

O amor tende essencialmente à união entre os amantes, à fusão de dois seres num só ser, de dois corações num só coração, de dois espíritos num só espírito, de duas almas numa só alma. Ouvi a mãe acalentando o filho e exclamando: "Quisera poder comê-lo!"

Jesus submete-se a essa lei de amor por Ele mesmo estabelecida. Depois de ter compartilhado do nosso estado e de nossa vida, dá-se-nos ele na comunhão, incorporando-nos a Ele.

União, cada vez mais perfeita e mais íntima, das almas, segundo a maior ou menor vivacidade dos desejos. *"In me manet, et ego in eo."* Permanecemos nele e Ele em nós. Fazemos um só com Ele, até consumir-se no Céu, na união eterna e gloriosa, a união inefável, começada na terra pela graça e aperfeiçoada pela Eucaristia.

O amor vive, pois, com Jesus presente no Santíssimo Sacramento do Altar, compartilha de todos os bens de Jesus, une-se a Jesus e assim satisfazem-se as exigências de nosso coração, que mais não pode pedir.

A Eucaristia e a glória de Deus

"Ego honorífico Patrem meum."   "Eu honro ao meu Pai" (Jo 8,49).

Nosso Senhor não quis permanecer na terra somente pela sua Graça, sua Verdade e sua Palavra, mas sim pela sua Pessoa. Possuímos, embora sob outra forma de Vida, ao mesmo Jesus Cristo que viu a Judéia e que, revestido agora da veste sacramental, é sempre o Filho de Deus e o Filho de Maria.

A glória do Pai, que Nosso Senhor procura na terra em primeiro lugar, é ainda, no Sacramento, o objeto de todos os seus desejos, ao ponto de se poder dizer que Jesus Cristo revestiu o estado sacramental para continuar a honrar e a glorificar ao Pai.

I

O Verbo Divino, pela sua Encarnação, reparou e restaurou a glória do Criador, maculada, na criação, pela queda do homem, pelo orgulho. Para tal obra, o Verbo humilhou-se até unir-se à nossa mísera natureza humana; desceu em Maria, aniquilou-se, revestiu-se da forma de escravo. E depois de ter pago o resgate do homem, depois de ter rendido, por toda a sua Vida, infinita Glória a Deus, de ter purificado a terra pela sua presença, ascendeu, uma vez consumada a obra, ao Céu.

O dia da Ascensão triunfal do Salvador foi um dia belo para os moradores do Céu e triste para a terra que, ao ver afastar-se seu Rei, seu Reparador, receou, talvez, tornar-se em breve, para o Céu, uma terra de recordação, depois do olvido, e até de cólera e de tempestades.

Jesus deixa aos homens sua Igreja; deixa Apóstolos bons e piedosos, mas nada substitui o divino Mestre! Os Santos, é certo, imitarão a Jesus, seu modelo; mas não passam de homens, fracos, imperfeitos, sujeitos, enquanto permanecem na terra, a cair pesadamente.

E não haverá motivo para recear que venha a perigar todo o esforço de Jesus Cristo, isto é, a reparação que operou, a glória que, pelos seus labores, adquiriu para o Pai, se tudo entregou aos homens? Não será arriscado por demais confiar a obra da Redenção e de glorificação de Deus a homens tão imperfeitos, tão inconstantes?

Não, não se abandona assim um Reino que custou sacrifícios inauditos, que custou a Encarnação, a Morte de um Deus! Não se arrisca deste modo a Lei divina do Amor!

II

Que fará o Salvador? Permanecerá na terra, a continuar seu oficio de adorador, de glorificador do Pai. Far-se-á o Sacramento da Glória de Deus.

Fitai os olhos no Altar, no Tabernáculo, e vereis a Jesus. E lá que faz Ele? Adora ao Pai, dá-lhe graças e continua a ser o medianeiro dos homens. Faz-se Vítima de propiciação, Hóstia de reparação à glória de Deus ultrajado. Permanece no seu Calvário místico a repetir sua sublime palavra: *"Pai, perdoai-lhes!"* Ofereço-vos por eles meu Sangue, minhas Chagas!

Multiplica-se em toda parte, procurando sempre o que há de expiar. Onde quer que haja uma família cristã, Jesus constitui com ela sociedade de adoração e glorifica ao Pai, adorando-o, fazendo com que seja adorado em espírito e em verdade. E Deus Pai, devidamente glorificado, exclama satisfeito: "Grande é o meu Nome por entre as nações, porquanto desde o levantar do sol até o deitar, oferecem-me uma Hóstia de agradável odor!"

III

Mas — ó maravilha da Eucaristia! — Jesus presta ao Pai, em virtude do seu estado sacramental, uma homenagem nova, que jamais criatura alguma lhe prestou, homenagem esta que excede, por assim dizer, a tudo que pode fazer o Verbo Encarnado na terra.

E qual será tão extraordinária homenagem? É a homenagem do Rei da Glória, consumado no Poder e na Majestade do Céu que, no seu Sacramento, vem imolar ao Pai, não só sua glória divina, como na Encarnação, mas sua glória humana, as qualidades gloriosas de sua Humanidade ressuscitada!

Impossibilitado, no Céu, de honrar seu Pai pelo sacrifício de sua Glória, Jesus Cristo volta à terra, encarna-se de novo no Altar, para que o Pai Celeste o possa ainda contemplar, Ele, Rei do Céu e da terra, pobre como em Belém, humilde e obediente como em Nazaré, submisso, não só à ignomínia da Cruz, mas à comunhão sacrílega, aos inimigos, aos profanadores! É o doce Cordeiro que não se lamenta, a tenra Vítima que não murmura, o bom Salvador que não se vinga!

Admirados, perguntamos: Por que tudo isso? É para glorificar a Deus Pai pela continuação mística das mais sublimes virtudes; pelo sacrifício perpétuo de sua Liberdade, de seu Poder, de sua Glória, ligadas pelo seu Amor no Sacramento até soar a derradeira hora do mundo. Jesus Cristo, cá embaixo, contrabalançando a soberba humana pelas suas humilhações e rendendo a Deus infinita Glória, que belo espetáculo para o Coração de Deus! É a razão de ser da Presença Eucarística, mais digna do Amor de Jesus Cristo para com seu divino Pai.

O Esposo divino da Igreja

"Christus dilexit Ecclesiam... sponsam."

"Jesus Cristo amou a Igreja que Ele a fez, sua esposa imaculada" (Ef 5,25-27).

O Amor de Jesus Cristo para com sua Igreja constitui outro motivo pelo qual instituiu a Eucaristia.

Nosso Senhor desceu do Céu para formar sua Igreja para fundá-la, e por ela morreu na Cruz. E qual nova Eva saída do Lado de segundo Adão, ela sai do Sangue e Água que jorram do Lado esquerdo. Toda ação, todo sofrimento de Jesus Cristo tiveram por fim conquistar para sua Igreja, que constituiu sua herdeira, um tesouro infinito de graças e de méritos, de que pudesse dispor em favor de seus filhos.

Mas se Jesus, subindo novamente ao Céu depois de sua Ressurreição, se contentasse em deixar a Igreja como depositária de sua verdade e de suas graças, a Igreja seria na terra uma esposa enlutada, a chorar a perda do seu Esposo divino — e isso não seria possível, nem digno do Poder e do Amor do Salvador. Jesus permanecerá com a Igreja para ser sua Vida, seu poder, sua glória.

I

A vida da esposa, privada do esposo, não é mais vida, mas sim agonia, luto. Ao seu lado, porém, é ela grande, forte, alegre, feliz, dedicando-se ao serviço do esposo, cujo coração possui.

Tal a Igreja em face da Eucaristia, alvo de seu Amor, centro de seu coração, enlevo de sua Vida. Na pessoa de seus filhos, vela dia e noite aos pés do Deus do Tabernáculo, a fim de honrá-lo, amá-lo, servi-lo. A Eucaristia é o móvel, o fim, alma de todo o seu culto, que, sem ela, desapareceria, não tendo mais razão de ser. Tais as seitas protestantes que, não gozando do divino Esposo, abandonam todo culto exterior como supérfluo e inútil.

II

Pela Eucaristia a Igreja se torna poderosa e fecunda. Ela, a mãe do gênero humano, cujos filhos estão espalhados pelo mundo todo, tão numerosos que lhes ignora o número, recebe ainda, cada dia, nova prole por mão dos missionários.

E donde lhe vem a fecundidade? Do Batismo, da Penitência? Esses Sacramentos, é certo, dão a Vida, ou fazem recobrá-la, mas que será dessas crianças que acabam de nascer pela água da regeneração divina? Como alimentá-las, educá-las?

Tendo em si o germe de Deus, é mister desenvolvê-lo, fazê-lo crescer. Ora, pela Eucaristia a Igreja forma a Jesus Cristo nos seus filhos. Pela Eucaristia, o Pão Vivo, alimenta sua Vida sobrenatural. Pela Eucaristia, educaos, pois somente nela encontram as almas a abundância de luz e de Vida, a força de toda virtude.

Agar, no deserto, chorava por não poder refrescar e nutrir o filho que ia morrendo de inanição. A sinagoga, as seitas protestantes são a mãe, impotente para satisfazer as necessidades dos filhos. Pedem-lhe Pão e ninguém lho pode dar.

A Igreja, porém, recebe pela manhã o Pão celestial que quer distribuir a cada um dos seus filhos, tendo-o em abundância para todos. É o Pão dos Anjos, o Pão do reis, e seus filhos são tão belos quanto o Pão que os alimenta. São fortes, saciados pelo Trigo dos Eleitos, com direito de participar diariamente do festim real. A Igreja, cujas mesas estão sempre postas, convida a todos, implorando-os que venham haurir a força e a Vida.

III

A Eucaristia é a glória da Igreja. Jesus Cristo, seu Esposo, é Rei, Rei de glória. Seu Pai cingiu-lhe a fronte com resplandecente coroa. Mas a glória do esposo, glória da esposa é, e a Igreja qual o belo astro noturno, reflete os raios divinos do Sol da glória.

Nos dias de festa do Esposo, a Igreja, paramentada, entoando hinos solenes, convidando todos os seus filhos a se reunirem para honrar ao Deus de seu coração, apresenta-se bela ante o Deus da Eucaristia, contente por prestar glória a seu Rei e seu Deus. Quem lhe ouvisse a voz, quem a visse, dir-se-ia na Jerusalém Celeste, onde a corte angélica glorifica, num festim perpétuo, o Rei imortal dos séculos.

Está triunfante quando desdobra, no dia da festa do Corpo de Deus, suas longas procissões, cortejo do Deus da Eucaristia. Estende-se então, qual exército em linha de batalha, seguindo o chefe. Reis e povos, pequenos e grandes, cantam a glória do Senhor, que fixou sua morada no meio de sua Igreja.

O Reino da Eucaristia é o Reino da Igreja. E quando a Eucaristia cai em esquecimento, seus filhos tornam-se infiéis e dentro em breve a Igreja se lamentará em presença de nova ruína.

O Deus oculto

"Vere tu es Deus absconditus, Deus Israel Salvator."

"Vós sois, em verdade, o Deus oculto, ó Deus Salvador" (Is 45,15).

Que o Filho de Deus nos amasse, ao ponto de se fazer homem, compreende-se; o Criador tinha a peito reparar a obra de suas mãos. Que o Homem-Deus morresse na Cruz é um excesso de Amor que ainda se compreende. Mas o que não se compreende, o que assusta os fracos na fé e escandaliza os incrédulos, é que Jesus Cristo glorioso, coroado, uma vez acabada sua missão na terra, queira ainda continuar conosco, e isso num estado mais humilhado, mais aniquilado que em Belém, que no próprio Calvário.

Levantemos, respeitosos, o véu que cobre o Santo dos Santos e tratemos de compreender o excesso de Amor que nos testemunha o Salvador.

I

Nesse estado velado, o mais glorioso para o Pai celeste, Jesus renova e glorifica todos os estados de sua

Vida mortal. O que Ele não pode fazer no esplendor do Céu, fá-lo-á no seu estado de aniquilamento no Altar. E o Pai Celeste, vendo seu Filho, a quem ama como a si mesmo, num estado de pobreza, de humildade, de obediência, lançará sobre a terra olhares complacentes.

Nosso Senhor encontrou o meio de perpetuar e de renovar incessantemente o sacrifício do Calvário, pondo constantemente sob os Olhos de seu Pai o ato heróico pelo qual lhe rendeu infinita glória, ao imolar-se para destruir o reino de Satanás, seu inimigo.

Jesus Cristo continua a dar combate decisivo ao orgulho. Como nada é mais antipático a Deus que o orgulho, nada o glorifica mais que a humildade. A glória do Pai é a primeira razão de ser do estado velado de Nosso Senhor na Eucaristia.

II

Velado, Jesus Cristo trabalha na obra de minha santificação. Para me tornar Santo, preciso vencer o orgulho, substituindo-lhe a humildade. Ora, na Eucaristia, Jesus dá-me o exemplo e a graça dessa mesma virtude.

Foi ele quem outrora pronunciou estas palavras: *"Aprendei de mim, que sou manso e humilde de coração"*. Mas, tivéssemos apenas a lembrança dos exemplos do Salvador em sua Vida mortal, e a humildade, nesses dezoito séculos, seria apenas uma palavra vã, sendo-nos lícito exclamar: "Senhor, nunca vos vi humilhado!"

Pois bem, Jesus Cristo aí está para responder às nossas escusas, às nossas queixas. É do Tabernáculo, sob o véu da Hóstia, que lança sobretudo estas palavras:

"Aprendei de mim que sou manso e humilde de coração". Aprendei de mim a esconder vossas boas obras, vossas virtudes, vossos sacrifícios; descei, vinde a mim!

E o estado humilhado de Jesus no Santíssimo Sacramento encerra a graça da humildade. E já que o Rei da glória se rebaixa a tal estado, que receio terá a glória humana de segui-lhe o exemplo? Qual o ricaço que não estimará amável a pobreza de Jesus? E, se o próprio Deus obedece ao homem, quem se recusará a obedecer-lhe e aos seus representantes?

III

O Estado velado de Jesus anima minha fraqueza. É-me dado aproximar-me dele, falar-lhe, contemplá-lo, sem receio algum. Resplandecesse sua Glória e quem ousaria falar a Jesus Cristo? Os próprios Apóstolos, ao perceberem um raio de sua Glória no Tabor, caíram, assombrados, por terra.

Jesus, para não atemorizar o homem, vela seu Poder. Para não desanimar nossas fracas virtudes, vela sua tão sublime Santidade. A mãe balbucia junto ao filhinho, pondo-se ao seu alcance a fim de elevá-lo a si. Assim Jesus, fazendo-se pequeno com os pequenos, eleva-os a si e por si até Deus.

Jesus, velando seu Amor, tempera-o. Estivéssemos nós expostos às suas chamas, sem algo de permeio, e seu ardor, tão grande, nos havia de consumir. *"Ignis consumens est"*: Deus é fogo consumidor.

Eis como Jesus velado anima nossa fraqueza. Haverá maior prova de Amor que esse véu eucarístico?

IV

O véu eucarístico aperfeiçoa-nos a fé — ato do espírito desprendido dos sentidos. Ora, aqui os sentidos nenhuma utilidade têm, estão paralisados. É o único mistério de Jesus Cristo em que estes se devem calar em absoluto. Nos outros, na Encarnação, na Redenção, os sentidos vêem um Deus Menino, um Deus Agonizante, aqui, porém, estende-se-lhe densa nuvem. Somente a fé — é seu reinado — deverá agir.

Esta nuvem exige um sacrifício bem meritório, o da nossa razão, do nosso espírito. Urge crer, embora contra o testemunho dos sentidos, contra as leis ordinárias dos seres, contra a própria experiência; crer na simples palavra de Jesus Cristo. Resta-nos uma só pergunta a fazer: "Quem está aí?" "Eu", responde Jesus Cristo. Prosternemo-nos e adoremos.

E essa fé pura, desprendida dos sentidos, livre nos seus movimentos, une-nos simplesmente à verdade de Jesus Cristo no Santíssimo Sacramento. "A carne de nada serve, minhas palavras são espírito e Vida", diz-nos o Salvador. A alma, vencendo a barreira dos sentidos, penetra na admirável contemplação da presença divina sob as espécies, suficientemente veladas para que lhes possamos suportar o brilho, suficientemente transparentes para os olhos da fé.

Mais ainda. Tal véu, em vez de ser uma provação, torna-se para a fé humilde e sincera um ferrão, um incentivo. Gosta-se de penetrar numa verdade oculta, de descobrir um tesouro escondido, de triunfar de uma dificuldade. Assim também a alma fiel, em presença do véu eucarístico, procura seu Senhor, qual Madalena, no túmulo. Dilatam-se seus desejos e ela chama-o, qual esposa dos cânticos. Apraz-se em aformoseá-lo, e orná-lo de glórias. A Eucaristia é para ela o que é Deus para os bem-aventurados, uma verdade, uma beleza sempre antiga e sempre nova, não se cansando de escrutá-la, de penetrá-la. *"Quaeram quem diligit anima mea."* Mestre querido de minha alma, procurar-vos-ei sem cessar e mostrar-me-eis vossa Face adorável.

E Jesus se manifesta gradualmente à nossa alma segundo a medida da fé e do Amor, e esta encontra em Jesus alimento renovado, Vida inesgotável. O divino objeto de sua contemplação aparece-lhe sempre ornado de mais uma qualidade, de Bondade nova e maior. E como neste mundo o amor vive de felicidade e de desejos, a alma, pela Eucaristia, goza e deseja ao mesmo tempo. Come, e tem sempre fome!

Somente a Sabedoria e Bondade de Nosso Senhor poderiam ter inventado o véu eucarístico.

O véu eucarístico

"Cur faciem tuam abscondit?..." "Por que me ocultais vossa Face?" (Jó 13,24).

I

Por que motivo vela-se Nosso Senhor no Santíssimo Sacramento sob as Espécies Santas? Sendo difícil habituar-nos ao estado oculto de Nosso Senhor, precisamos continuamente tornar a esta verdade, pois devemos crer firme, praticamente que Nosso Senhor Jesus Cristo, embora velado, se encontra real, verdadeira e substancialmente presente na Santa Eucaristia.

E se assim é, por que presença tão silenciosa, véu tão impenetrável que nos levam a exclamar: "Mostrai-nos, Senhor, vossa Face!" E, apesar de não o ver, de não lhe ouvir as palavras doces e boas, Nosso Senhor faz-nos sentir sua força, atrai-nos, conserva-nos respeitosos em sua presença. Se ele se mostrasse, e só se mostraria à pessoa amada, que consolação para nós, que certeza de gozar de sua amizade!

II

Pois bem, Nosso Senhor oculto é mais amável do que se se mostrasse; silencioso, mais eloqüente do que se falasse, e o que julgamos ser um castigo, é tão-somente um efeito do seu Amor e de sua Bondade.

Ah! vê-lo seria nossa desgraça. O contraste de suas virtudes e de sua glória, humilhando-nos, nos faria exclamar: "Que bom pai e que miseráveis filhos!" Não ousaríamos sequer aproximar-nos dele, a Ele nos mostrar, enquanto agora, conhecendo apenas sua Bondade, chegamos a Ele sem receio.

E assim todos podem vir. Presumindo que Nosso Senhor só aos bons se patenteasse — pois ressuscitado não se pode deixar ver pelos pecadores — quem se julgaria bom? Quem não recearia vir à Igreja, temendo que Jesus Cristo, por não o achar bastante bom, a ele se ocultasse? E então surgiriam as invejas. E só os orgulhosos, cheios de confiança em si, se chegariam a Nosso Senhor. Agora, no entanto, todos gozam dos mesmos direitos, todos podem considerar-se amigos.

III

Não nos havia de converter a vista da glória? A glória amedronta e ensoberbece, mas não converte. Os Judeus não ousaram aproximar-se de Moisés iluminado pelo raio divino e, aos pés do Monte Sinai em fogo, tornaram-se idólatras. Os próprios Apóstolos, no Tabor, desarrazoaram.

Ah! Jesus, permanecei velado, melhor é assim. Poderei então aproximar-me de vós e, já que não me repelis, poderei contar com o vosso Amor. Mas sua Palavra, por ser tão poderosa, não nos havia de converter? Os Judeus que, durante três anos, ouviram a Nosso Senhor, por acaso se converteram? Alguns, poucos. Não é a palavra humana de Nosso Senhor, a que nos é dado ouvir, que converte, mas sim a palavra da Graça. Ora, Nosso Senhor, no Santíssimo Sacramento, fala-nos ao coração. Não nos deve isto bastar, por ser uma palavra verdadeira?

IV

Pudesse eu ao menos sentir palpitar o Coração de Nosso Senhor, sentir o calor de suas chamas ardentes que, modificando meu coração, aumentando-lhe o amor, acabaria por abrasá-lo!

Quando, confundindo o amor com o sentimento, pedimos a Nosso Senhor para amá-lo, queremos que Ele nos faça sentir que, de fato o amamos. Quão triste se assim fosse! Não, o amor é sacrifício, é o dom da vontade, é a submissão ao bel-prazer divino.

Ora, a virtude característica da contemplação da Eucaristia e da Comunhão — união perfeita a Jesus — é a força. A doçura, sendo passageira, só aquela permanece. E do que carecemos para lutar contra nós mesmos e contra o mundo, senão de força? A força paz é.

Não vos sentis tranqüilos em presença de Nosso Senhor? Prova cabal de que o amais. Que mais quereis? Se dois amigos se reúnem e ficam a se olharem um ao outro, dizendo e redizendo seu amor, perdem seu tempo, pois isso de modo algum lhes aviva a amizade. Mas, uma vez separados, se pensarem um no outro, imprimirse-á reciprocamente na lembrança a imagem do amigo despertando saudades.

Assim também com Nosso Senhor. Em três anos de convivência diária com Ele, que fizeram os Apóstolos? Jesus oculta-se para que ruminemos sua Bondade e suas Virtudes e que o nosso amor, tornando-se sério, livre dos sentidos, se contente com a força e a paz de Deus.

V

Concluamos: O Salvador, realmente presente sob os véus do Sacramento, impede-nos de ver-lhe o Corpo, para guardar-nos no seu Amor, na sua adorável Personalidade. Se Ele se mostrasse, ou a um único raio de sua Glória, a um traço de seu Rosto adorável, nós o deixaríamos e nos entregaríamos a tal manifestação. Ele, porém, nos disse que seu Corpo não é nosso fim, mas sim um degrau para fazer-nos chegar à sua Alma e, por ela, à sua Divindade. Para nos conduzir até aí, dá-nos seu Amor, enquanto a força do nosso confirmará nossa fé numa certeza absoluta. Calando-se os sentidos, nossa alma se comunicará com Jesus Cristo, e já que Jesus constitui toda a felicidade, todo o repouso, toda a alegria, quanto mais penetrarmos na sua intimidade, tanto maior será nossa ventura.

O mistério da fé

"Hoc est opus Dei ut credatis in eum." "A obra divina é crer em Jesus Cristo" (Jo 6,29).

I

Nosso Senhor quer que nos lembremos de tudo quanto fez por nós na terra e honremos sua Presença no Santíssimo Sacramento pela meditação de todos os Mistérios de sua Vida.

A fim de retermos com maior vivacidade o Mistério da Ceia, legou-nos Ele não somente a narração dos Evangelhos, mas sim uma lembrança viva, pessoal: legou-se a si mesmo, a sua adorável Pessoa. E embora esteja ao nosso lado, não o podemos ver, nem no-lo representar tal qual está na Eucaristia. E, se Ele já por diversas vezes se manifestou publicamente, por que não nos permitiu que guardássemos retratos dessas augustas aparições?

Ah! Nosso Senhor bem sabe que os retratos serviriam apenas para nos fazer esquecer da realidade da sua presença atual sob as Espécies Santas da Eucaristia.

Mas, não é mais fácil amar a quem se vê? E se nos fosse dado vê-lo não importaria isso num acréscimo de fé?

Sim, os sentidos poderiam confirmar a fé cambaleante, mas Nosso Senhor ressuscitado não quer ser atingido pelos sentidos corrompidos, exigindo a Fé pura.

Não sendo Ele somente corpo, mas alma também, não deseja ser amado enquanto corpo, mas sim ver-nos chegar à sua Alma pelo espírito e pelo coração, independente dos sentidos. Demais, Nosso Senhor, embora verdadeiramente presente no Santíssimo Sacramento, Corpo e Alma, lá está à maneira dos espíritos, e estes são inatingíveis aos sentidos.

II

Aliás, por que nos queixarmos? Nosso Senhor soube tudo conciliar. As Santas Espécies, apesar de não o tocarem, de não fazerem parte dele mesmo, estão, no entanto, inseparavelmente unidas à sua Pessoa; são a condição da sua Presença, dizem-nos onde está, localizam-no. Nosso Senhor poderia ter adotado um modo de ser puramente espiritual. Como, porém, o encontrar e onde o procurar?

Agradeçamos ao doce Salvador velado, mas não oculto. Ninguém sabe onde procurar o que está oculto, que passa a ser considerado como não existente, enquanto que o que está velado pode ser possuído, digo mais, temos certeza de possuí-lo, embora invisivelmente.

Não nos é agradável saber que o amigo está perto, ao nosso lado? Pois bem, vede onde está Nosso Senhor e, certos de que ai está, olhai para a Hóstia Santa.

III

Nosso Senhor vela-se para nosso bem, em nosso interesse, para nos obrigar a estudar-lhe a Alma, as intenções, as virtudes próprias. Se nos fosse dado vê-lo, mirá-lo-íamos exteriormente, amá-lo-iamos com amor todo de sentimentos e Ele manda que seja amor de sacrifício.

Custa-lhe, é certo, velar-se assim. Mais agradável lhe seria mostrar-nos seus traços divinais, e por esse meio atrair muitos corações a si. Procede, porém, em contrário para nosso bem. Então, com o espírito operando sobre a Eucaristia, com a Fé instigada, penetramos em Nosso Senhor, que, em vez de patentear-se aos nossos olhos, patenteia-se à nossa alma, assinalando-se pela sua própria luz, iluminando-nos, tornando-se o objeto da nossa contemplação, meio e alvo de nossa Fé.

Aqui, quem mais ama, quem mais puro é, mais claro vê, assim declarou Nosso Senhor: *"Aquele que me ama e guarda meus mandamentos a ele me manifestarei"*.

Nosso Senhor comunica às almas de oração luzes intensas sobre sua Pessoa, luzes essas que jamais iludem. Ele modifica seu clarão, dirigindo-o ora sobre um ponto de sua Vida, ora sobre outro, mas já por ser a Eucaristia a glorificação de todos os Mistérios, Jesus Cristo torna-se Ele mesmo nossa meditação, seja qual for o assunto que nos entretém.

IV

E por isso a meditação feita aos pés do Santíssimo Sacramento torna-se-nos mais fácil que alhures. Numa estamos em presença da Imensidade de Deus, noutra estamos em presença de Nosso Senhor, que permanece ao nosso lado. E já que o coração acompanha o espírito, a afeição e o conhecimento, é-nos mais fácil amar, diante do Santíssimo Sacramento. O amor é atual, visando a Jesus, vivendo em nossa presença, renovando na Eucaristia todos os seus Mistérios.

A quem meditar nos Mistérios, tais quais são, sem os vivificar pela Eucaristia, acompanhará sempre algo de oco, certo pesar involuntário, uma tristeza de não o ter presenciado.

Mas, diante do Santíssimo Sacramento, por que lastimar, o que desejar? Todo Mistério vive no Salvador presente, e o gozo atual constitui o amor e quer pensemos na Vida mortal, quer na Vida gloriosa de Jesus, temos certeza de que Jesus Cristo aí está, Corpo, Alma e Divindade.

Aprofundemos tais pensamentos, e ao imprimirmos na imaginação os Mistérios, fortifiquemos e animemos a recordação deles com a Presença real de Jesus Cristo. Lembremo-nos finalmente que Nosso Senhor, presente na Hóstia Santa, aí está em todos os seus estados, todo Ele mesmo, totalmente. Quem isto ignora, anda nas trevas e sua fé, sempre lânguida, não o saberá satisfazer.

Seja nossa fé ativa, delicada, e seremos felizes. Nosso Senhor nos quer beatificar por si mesmo. Nenhum homem é capaz de semelhante tarefa. A própria piedade, sozinha, não traz consigo o gozo. É preciso nutri-la com a Eucaristia. Só a posse de Deus — e na Eucaristia é Deus dando-se-nos cabalmente – nos pode dar felicidade.

O Amor de Jesus na Eucaristia

"Nos credidimus charitati quam habet Deus in nobis."

"Cremos no Amor de Deus para conosco" (1Jo 4,16).

Cremos no Amor de Deus para conosco. Palavras profundas.

Existe a fé na verdade das palavras e das promessas divinas, fé exigida de todo cristão. Existe também — e esta é mais perfeita, é a coroa da outra — a fé no Amor. E a primeira será estéril se não produzir a segunda. Qual é, porém, esse Amor em que devemos crer? É o Amor de Jesus Cristo, Amor que Ele nos testemunha na Eucaristia, Amor que é Ele mesmo, Amor vivo e infinito.

Felizes daqueles que crêem no Amor de Jesus na Hóstia Santa, pois crer no Amor já é amar. Quem, no entanto, se contenta apenas em crer na verdade da Eucaristia, pouco ou nada ama. E que provas de Amor nos dá Nosso Senhor na Eucaristia?

I

A primeira prova é sua palavra, sua sinceridade. Jesus afirma que nos ama, que só por Amor a nós instituiu seu Sacramento. É, portanto, verdade.

Crê-se na palavra do homem probo. Por que não crer na de Nosso Senhor? O amigo, querendo provar ao outro que o ama, aperta-lhe efusivamente a mão, dizendo-lhe diretamente sua amizade. E Nosso Senhor, para nos assegurar seu Amor — o amor dispensa intermediários — não quer nem Anjos nem ministros, mas apresenta-se em pessoa. E, se Ele se perpetua, é somente para repetir incessantemente que nos ama, que na verdade nos ama.

Nosso Senhor, receando que viéssemos a esquecê-lo, instalou entre nós sua casa, seu lar, seus serviços, a fim de que, pensando nele, pensássemos no seu Amor. Dando-se-nos destarte, afirmando-se desta forma, espera talvez não ser esquecido.

E quem pensar seriamente na Eucaristia, quem sobretudo dela participar, sentirá invencivelmente que Nosso Senhor o ama qual filho, que realmente é seu Pai, sempre pronto a recebê-lo, a falar-lhe. Na igreja, bem o vê, aos pés do Tabernáculo, está à vontade.

Ah! como é bom viver perto da igreja, à sombra da casa paterna. Jesus, no Santíssimo Sacramento, diz-nos interiormente que nos ama, e nós sentimos que assim é. Creiamos, pois, no seu Amor.

II

Ama-me Ele pessoalmente? A resposta é uma pergunta. Pertenço eu à família cristã? Na família não amam os pais aos filhos com o mesmo amor? E, havendo preferência, não será esta antes pelo mais fraco, o mais débil? E negaremos a Nosso Senhor até os sentimentos triviais de um bom pai de família, e recusar-lhe-emos esta qualidade?

Demais, vede como Nosso Senhor exerce um Amor pessoal para com todos nós. Diariamente procura cada um dos seus filhos em particular, fala-lhe, visita-o, beija-o. E embora sua visita se renove sempre, é sempre a mesma, graciosa e amável. Não envelhece, não se cansa de nos amar, de se dar a cada um de nós — e se dar todo inteiro.

E se, por acaso, formos numerosos, dividir-se-á Ele, dando menos a um do que ao outro? Estando a igreja cheia de adoradores, não rezará cada um a Jesus, não lhe falará, sendo ouvido, atendido como se sozinho na igreja estivesse?

Eis o Amor pessoal de Jesus. Cada qual o considera como seu, sem prejuízo alheio, qual o sol que a todos e cada um ilumina plenamente, ou o oceano que se dá inteiramente a todo e qualquer peixe. Jesus, inesgotável, sobrepuja a todos nós.

III

Na persistência do Amor de Jesus, no Santíssimo Sacramento, temos outra prova irrecusável de seu Amor.

Diariamente celebram-se na terra sucessiva e ininterruptamente, um sem-número de Missas, e — tristeza profunda para a alma amante — quantas em que Jesus se oferece por nós sem que esteja presente um fiel sequer! Enquanto Jesus, nesse novo Calvário, pede Misericórdia, os pecadores ultrajam a Deus e ao seu Cristo, e, já que dele não nos aproveitamos, por que renova

Nosso Senhor tantas vezes seu Sacrifício? Por que permanece Ele dia e noite em tantos Altares, sem ninguém para receber as Graças que Ele oferece de mãos abertas?

Ah! Ele ama, espera, aguarda!

Se descesse sobre os Altares somente em determinados dias, talvez algum pecador, arrependido, movido pela Graça, o procurasse, e não o encontrando, tivesse que o esperar. Receando isso, Ele prefere esperar pelo pecador anos seguidos a que este espere por Ele um instante sequer, porquanto poderia desanimar justamente no momento em que suspirava por sair da escravidão do pecado.

Ah! quão poucos são os que avaliam o Amor que Jesus lhes tem no Santíssimo Sacramento. E no entanto esse Amor é um fato. Ah! não temos fé no Amor de Jesus! Seríamos capazes de tratar a um amigo, um homem qualquer como tratamos a Nosso Senhor?

O excesso de Amor

"Praedicamus Christum
Judaeis quidem scandalum
Gentibus autem stultitiam."

"Pregamos a Cristo, escândalo para os Judeus e loucura para os Gentios" (1Cor 1,23).

Que dizer dos rebaixamentos eucarísticos de Nosso Senhor Jesus Cristo que, para permanecer conosco, se expõe à ingratidão e ao ultraje, sem que nada o desanime?

Contemplemos esse bom Salvador tratado qual o último dos seres e insistindo, no entanto, em ficar conosco.

I

Nosso Senhor, chegando-se a nós e trazendo-nos infinitos tesouros de Graças, merece, é certo, todo nosso reconhecimento. Ele é Rei sobre tudo; Ele é Deus! Qual o pobre, o doente que, ao receber a visita dum fidalgo, dum rei, não ficará sensível e grato por tal condescendência? A inveja, o mesmo ódio, dissipam-se em presença da grandeza que se avilta.

Não merece Nosso Senhor nossa gratidão, nosso amor? Não vem a nós de realce, mas permanece em nosso meio, para nosso maior bem, derramando graças, quer lhas peçamos, quer não, quer mesmo não as desejemos. E, enquanto aos outros se agradecem os favores recebidos, ninguém lhe diz nada. E Ele continua a operar em virtude de sua presença no Santíssimo Sacramento, maravilhas de Caridade que não são apreciadas, que nem sequer nos merecem um olhar.

Nas relações humanas, a ingratidão é censurada. Quanto a Nosso Senhor, esta parece ser de obrigação. E nada o afugenta; tudo sabia quando instituiu a Eucaristia, levado por uma única idéia: *"Deliciae menae"*, pus minhas delícias em estar com os filhos dos miseráveis.

Existe um grau de amor tão forte que almeja estar com os entes queridos, embora o amor não seja retribuído. A mãe dedicada poderá por acaso deixar de amar, ou abandonar ao filho idiota? A esposa fiel ao esposo frenético?...

II

Nosso Senhor parece ir ao encontro dos ultrajes, sem cuidar de sua honra. E só esta idéia nos horroriza. Ah! no dia do juízo, havemos de estremecer, ao sabermos que vivemos ao lado de tanto Amor, sem lhe dar o devido valor.

Ele vem, com efeito, sem brilho, sem Majestade e, no Altar, sob os véus eucarísticos, assemelha-se a algo de inanimado. Que profundeza de abaixamento! E para rebaixar-se assim, Nosso Senhor emprega todo o seu

Poder e, por um prodígio, sustenta esses acidentes, contrariando, para rebaixar-se, para humilhar-se, todas as leis da natureza.

Quem poderia envolver o sol numa nuvem bastante espessa para interceptar-lhe a luz e o calor? Milagre estupendo seria! Milagre que Nosso Senhor opera em sua Pessoa e, sob as espécies eucarísticas, tão fracas, tão triviais por si mesmas, Ele está glorioso, luminoso, é Deus!

Ah! não imputemos a Nosso Senhor ter-se tornado tão humilde, tão pequenino. Seu Amor assim o determinou. O rei, não se abaixando, pode honrar, mas não amar. Jesus, descendo, prova-nos seu Amor.

III

Ele poderia ter, no entanto, por séquito, um cortejo de Anjos visíveis, armados para guardá-lo. Assim não quis; tais exércitos angélicos, apresentando-se-nos cheios de fé e de respeito, nos inspirariam temor, ou nos humilhariam. Então, para rebaixar-se ainda mais, Ele vem só, abandonado. É o Amor descendo, descendo sempre.

IV

O rei que se revestisse de roupas modestas a fim de colocar-se mais ao alcance do súdito, a quem fosse consolar, daria provas de grande amor. E todavia, mesmo disfarçado, dar-se-ia a conhecer pelas palavras, pelas maneiras nobres e distintas.

Nosso Senhor recusa-se até essa glória pessoal no Santíssimo Sacramento. Encobre sua bela Face, cala sua

Boca divina, a Boca do Verbo, tudo enfim apto a granjear-lhe honras, a colocá-lo muito acima dos homens. Ele quer descer até nós. Ah! saibamos respeitar os rebaixamentos de Jesus Cristo na Eucaristia.

V

O rei, ao rebaixar-se por amor ao súdito pobre, conserva ainda sua liberdade enquanto homem, sua ação pessoal. Atacado, poderá defender-se, salvar-se, pedir socorro.

Nosso Senhor entrega-se sem defesa alguma, perde até toda a ação pessoal, obrigando-se a não mais se queixar, se salvar, nem pedir socorro, não querendo que ninguém lhe venha ajudar, proibindo aos próprios Anjos de virem em seu auxílio, de castigar seus insultadores, quando é todavia um instinto salvar a quem quer que esteja em perigo ou atacado.

Nosso Senhor, Homem e Deus, não recebe socorro, conserva apenas o poder de amar, de rebaixar-se.

VI

Ó meu Deus, por que tudo isto? Por que tal excesso, perguntamos-lhe. E Ele responde: "Amo-vos, vejo-vos, espero-vos. Vou ao vosso encontro. *Deliciae meae*. Em estar com os miseráveis pus minha delícias".

E isso quando nós corremos ao encontro do prazer, da ambição, dos amigos, dos negócios, dando a tudo preferência sobre Ele que, o último de todos, será talvez recebido em viático, se o tempo o permitir — não é o bastante?

Ah! Senhor, por que procurar assim os que não vos querem e obstinar-vos em permanecer com os que vos repelem?

VII

Quem consentiria em fazer o que faz Nosso Senhor? Ele, que instituiu seu Sacramento para ser honrado, recebe nele maiores injúrias do que glória, pois o número dos maus cristãos excede aos cristãos fiéis.

E se vai perdendo terreno, por que continuar nesse negócio? Quem se prestaria a comerciar com prejuízo certo? Ah! os Santos que vêem, que compreendem tanto Amor, tanto rebaixamento, estremecem ao ver nossa pouca gratidão. O Pai pede ao Filho que renuncie a isto, que nenhum lucro lhe traz, a Ele, cujo Amor é desconhecido, cujo rebaixamento são inúteis. Urge acabar com tudo isso, mera perda.

Mas nosso Senhor insiste. Permanece, espera, contenta-se com a adoração e o amor de algumas almas fiéis. Ah! nós, pelo menos, não lhe recusemos isto. Não merecem tais rebaixamentos honra e amor?

A Eucaristia e a família

"Non relinquam vos orphanos."

"Não vos deixarei órfãos" (Jo 14,18).

Diz a Imitação*: "Enquanto Jesus está presente, tudo vai bem, mas, quando se retira, é um inferno".*

Que seria de nós se o Salvador se tivesse contentado em viver sua Vida mortal? Isso, em si grande Misericórdia sua, teria bastado, é verdade, para nos merecer a salvação e a glória eternas, mas não nos impediria de ser os mais desgraçados dos homens. E por quê? Não teríamos a graça, a palavra, os exemplos de Jesus, junto às sobejas provas de Amor? Sim, mas apesar de tudo isso, seríamos, repito, os mais desgraçados dos homens.

I

Vede tal família. Vive feliz, agrupada em redor do chefe. Mas tirai-lhe este e as lágrimas substituirão a alegria e a felicidade. Já não é família, pois já não existe o pai.

Ora, Jesus veio à terra fundar uma família. Seus filhos, diz o profeta, chegar-se-ão alegres à mesa paterna, qual jovens plantações de oliveiras. Desapareça, porém, o chefe e a família se dispersará.

Sem Nosso Senhor seríamos em tudo semelhantes aos Apóstolos, que, durante a Paixão, a poucos passos de Nosso Senhor, de quem haviam tudo recebido, cujos milagres haviam presenciado, cuja Vida acabava de se desenrolar aos seus olhos, erravam sem saber o que seria deles. Mas já por lhes faltar o terno pai, não formavam mais família, não eram mais irmãos e cada qual cuidava dos seus negócios.

Que sociedade subsistirá sem chefe? A Eucaristia é, portanto, o laço de união da família cristã. Tirai-a e não haverá mais fraternidade.

Os católicos, não freqüentando mais a Eucaristia, poderão continuar a ser irmãos? Penso que não. E nas famílias em que o pai e os irmãos não se chegam aos sacramentos, dissipa-se o espírito de união, a mãe torna-se mártir, as irmãs sofredoras. Não, sem a Eucaristia, não haverá família.

Surja, no entanto, Jesus e esta logo renascerá. Vede a grande família da Igreja. Nela, naturalmente, há festas, festas do Pai, da Mãe, dos Santos nossos irmãos que, todas, têm sua razão de ser.

Ah! bem sabia Jesus que, enquanto durasse a família cristã, era mister ser-lhe o pai, o centro, o prazer, a alegria, o júbilo! Assim, ao encontrarmo-nos, podemos cumprimentar-nos fraternalmente, pertencemos à mesma Mesa. Os Apóstolos chamavam, indistintamente, a todo cristão, de irmão.

O demônio sabe muito bem que, afastando as almas da Eucaristia, destrói a família cristã e implanta o egoísmo, pois só existem dois amores: o Amor de Deus ou amor de si mesmo. Urge entregar-nos a um ou a outro.

II

Encontramos, ainda, na presença de Nosso Senhor proteção e salvaguarda. Jesus disse-nos: "Não vos defendais. Se fordes insultados, perdoai. Se quiserem vosso manto, dai também a túnica". Jesus parece dar-nos, a nós cristãos na terra, um só direito: o direito à perseguição, à maldição dos homens. Pois bem, sem a Eucaristia, onde haurir a força para seguir semelhante doutrina? A vida se tornaria impossível, seria condenar-se a galés intoleráveis. E que rei abandona seu povo após tê-lo levado à guerra mortífera?

Resta-nos, é verdade, a esperança do Céu. Recompensa longínqua! E se tenho ainda vinte, quarenta anos a passar nesta terra de misérias, deverei viver todo esse tempo de tão remota esperança? Ah! meu coração precisa ser consolado, expandir-se junto ao amigo querido. E sendo-me proibido desabafar no século, a quem me dirigirei? Aquele cuja fé na Eucaristia é fraca responde — e é lógico: "Deixarei minha religião e adotarei outra que me dê maior liberdade". Impossível para nós é passar sempre pelas tristezas, e nunca pelas consolações; impossível para nós é viver sem Jesus.

Ide procurá-lo no seu Sacramento e encontrareis o amigo, o guia, o pai. O filho, a quem a mãe acaba de beijar carinhosamente, não goza de maior felicidade que a alma fiel com quem Jesus acaba de conversar.

As almas que sofrem devem necessariamente ter grande devoção à Eucaristia, ou então serão levadas ao desespero, coisa muito natural. São Paulo, que recebera imensas graças, achava a vida pesada, tediosa.

Ah! sem a presença daquele que diz às paixões: "Não subireis mais, não invadireis a cabeça e o coração desse homem", a vida seria de enlouquecer. Que Bondade a de Jesus, perpetuando-se na Eucaristia!

III

Sua simples presença diminui o poder dos demônios, impedindo-os de dominar como nos tempos anteriores à Encarnação. Assim é que, depois da vinda do Salvador, existem relativamente poucos possessos, enquanto nos países infiéis estão estes em número bem superior. O reino de Satanás progride à medida que a fé na Eucaristia se enfraquece.

E vossas tentações terríveis, horrorosas, serenizam-se, não raras vezes, ao entrardes na igreja, ao vos aproximardes de Jesus Eucaristia. É sempre Ele, notai-o bem, que impera às tempestades.

Jesus, portanto, está conosco e, enquanto houver um adorador sequer, Ele aí estará para protegê-lo. Eis aqui o segredo da longevidade da Igreja. Ter medo dos seus inimigos é patentear diminuta fé. Mas é preciso honrar e servir a Nosso Senhor no seu Sacramento. Que pode o pai quando é desprezado, insultado? Só lhe resta retirar-se.

Guardemos fielmente a Jesus e nada teremos a recear. Se amamos a Jesus na Eucaristia, se, depois de ofendê-lo, nos arrependemos das nossas culpas, não nos há de abandonar. O essencial é: não o abandonarmos nós em primeiro lugar, e assim Ele poderá sempre dizer: "Tenho um lar".

E quando o homem, forte e armado, está em casa, a família goza de paz.

A festa de família[1]

"Pater noster... panem nostrum da nobis nodie."

"Pai nosso... o Pão nosso de cada dia nos dai hoje" (Mt 6,9.11).

Temos um Pai nos Céus e a Ele se dirige diretamente esta prece. Mas Nosso Senhor Jesus Cristo, por gerar-nos à graça, à Vida sobrenatural, mereceu o título de pai. O Pai Celeste habita na glória, Jesus habita nesta igreja. É nosso Pai na terra e deseja cumprir com os deveres do bom chefe com seus filhos.

I

O pai mora com sua família, de quem é o centro e o eixo, estando todos os membros sob sua guarda e agindo sempre segundo seu impulso. É o chefe, a cabeça, com suprema autoridade, mesmo sobre a mãe. A esta está reservado, sobremodo, a parte afetiva. Ora, Jesus Cristo, nosso Pai, tem sua casa – a igreja. Vós

---

1. O discurso, cujo resumo aqui publicamos, foi pregado em presença das órfãs, por ocasião da abertura das Quarenta Horas.

sois sua família — família privilegiada. Na família uns filhos trabalham fora, outros sob o olhar paterno. A vós cabe este quinhão feliz e, sem Nosso Senhor, vosso Pai, esta casa tão piedosa, que tão bem representa a família, não passaria de uma reunião de prisioneiras, ou de operárias, curvadas sob o jugo do trabalho insípido e não haveria este centro, este foco de afeição que é o Tabernáculo desta capela.

Ah! lembrai-vos freqüentes vezes, no trabalho, desse Pai amoroso, sempre presente, protegendo-vos, fitando-vos com olhar bondoso — a Bondade é excelsa qualidade desse Pai divino — que, estando sempre convosco, nada sabe recusar, e a todos acolhe de bom grado. Vossos pais, ao morrer, vos legaram lágrimas e tristezas. Jesus nunca há de morrer, nunca vos há de abandonar.

Mereceis, certamente, a estima por terdes recebido o batismo e serdes filhas da Igreja. Pois bem, que caso faz de vós o mundo? Terá até conhecimento de vossa existência? Preocupar-se-á com vossas necessidades? Nosso Senhor, porém, inspira às almas que lhe são dedicadas a idéia de vos reunir nesta casa. Ele vem por entre vós fixar sua tenda e assim o podereis sempre ver. Quanto mais fracas sois, e mais esquecidas estais, tanto mais vos amará. Ouvi sua palavra, não uma palavra que toca os ouvidos, mas sim o coração, dando-lhe alegria e paz. Ah! se tendes fé nessas coisas, se compreendeis toda a vossa felicidade, guardai-a à custa de todos os sacrifícios, pois aqui tendes para vós Jesus, que vos pertence, a quem ninguém substitui.

II

O pai de família sustenta seus filhos, trabalhando incessantemente, gastando sua Vida para dar-lhes o pão de cada dia. Mas Nosso Senhor sustenta-vos com o Pão da Vida. Morrendo por nós, ganhou-nos esse Pão delicioso, Pão que é Ele mesmo, sua Carne e seu Sangue adoráveis. Um pai dar-se a si mesmo aos filhos! Em que família jamais se viu semelhante prodígio de dedicação? Ah! Nosso Senhor não quer que outros que não Ele dêem a seus filhos o alimento. Nem os Anjos, nem os Santos, nos darão o Pão de que necessitamos. Só Jesus semeou o trigo com que este se faz, fazendo-o passar pelo fogo dos sofrimentos, para vo-lo oferecer Ele mesmo. Que terno Pai! Na véspera de morrer, dirigindo-se à sua pequena família — que mais tarde grande se tornará — e distribuindo a cada qual, na Ceia, o Pão Celeste, promete-lhes que, até o fim dos tempos, todos os seus filhos poderão comer deste Pão — Pão delicioso que contém em si todas as delícias! Pão que é Deus mesmo, Deus Pão dos órfãos! Não alimenta, é verdade, o corpo, mas enche a alma, dando-lhe força para repelir seus inimigos, fazer boas obras e crescer para o Céu.

E com que benevolência no-lo dá. Quanto ao pão do corpo, além de trabalhar muito para ganhá-lo, é preciso ainda pagá-lo. Este, porém, excedendo a todo e qualquer preço, não pode ser pago. Nosso Senhor no-lo dá, pedindo somente que nosso coração esteja puro, e que vivamos da graça. Preparai-vos, portanto, para recebê-lo freqüentes vezes, conservando-vos puras, pois quanto maior for a pureza, mais vezes vos será dado recebê-lo, mais delícias nele encontrareis.

Vinde a comer deste Pão delicioso. Nosso Senhor gosta de ver-vos pedir-lhe, qual o pai que gosta de saber garantido o pão dos filhos.

III

Finalmente o pai deve, de vez em quando, dar festas, recreios. Na família isto se torna necessário para apertar os laços da afeição. É preciso ver-se, reunir-se, expandir-se em certos dias. Belas e santas festas de família, quanto bem fazem, em que os filhos se agrupam alegres em torno do pai. Para isso se preparam com longa antecedência. Aprontam, além dos votos de felicidade, alguma surpresa para o pai, quer um presente, quer um belo ramalhete de flores.

Nosso Senhor, também, tem suas festas de família. Em primeiro lugar, as da Igreja, dias de descanso. Há, porém, as festas mais íntimas, que são só vossas – a de hoje, por exemplo, que durará três dias, pois as Quarenta Horas constituem a verdadeira festa dos corações. Vede como tudo é belo, como tudo canta e estremece em volta do Pai, sentado no seu Trono de Amor! Preparastes com certeza, os votos de felicidade, e agora nada vos resta a fazer, senão colocar-vos em redor do Pai. Toda essa bela luminária, essas lindas flores, tudo é fruto de vosso trabalho, dom de vossos corações. Assim, Jesus aí está, feliz, de mãos abertas, pronto para derramar sobre vós todas as graças.

Urge que nestes dias vossos pensamentos a Ele se dirijam, vossas ações para Ele sejam feitas. E quando chegar vossa vez de vir adorar, é chegado também o momento dos cumprimentos. Brotem eles de vosso coração. Não recorrais a outrem, falai-lhe a vosso modo e Ele vos responderá. Ah! ouvi atentamente tudo quanto vos disser ao coração. Oferecei-lhe, qual ramalhete de flores escolhidas, alguns bons desejos, algum ligeiro sacrifício e praticai algum ato de virtude.

Tudo quanto acabo de vos dizer é bem verdade. São essas as relações que deveis ter para com Nosso Senhor. Pertenceis à sua família e Ele pertence-vos inteiramente; por que não gozar desses dias de festa? Olhai para Ele e prestai-lhe ouvidos e recebereis abundantes graças no correr da vida, até vos reunirdes, um dia, à grande família dos bem-aventurados no Céu.

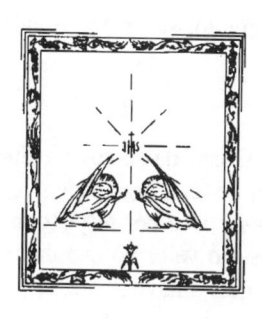

O Deus de Bondade

"Quam bonus Israel Deus!"   "Quão bom é o Deus de Israel!" (Sl 72,1).

Tal foi o grito do povo hebraico, de Davi, ao lembrarem-se dos benefícios que Deus não cessára de lhes conceder. E qual será o grito do cristão? Não temos nós muito mais razão que os Israelitas de exclamar: *"Quam bonus Israel Deus"*? Quão bom é o Deus de Israel!

Os Judeus foram muito menos favorecidos do que nós, que recebemos os bens do Céu, a Redenção, a Graça, a Eucaristia. O dom que Deus nos fez é o mesmo Jesus na Eucaristia, e os característicos da Bondade Divina para conosco neste dom exigem maior gratidão da nossa parte. Dar já é muito; saber dar, é tudo.

I

Ora, Jesus Cristo dá-se-nos na Eucaristia, despido de todo aparato, de toda dignidade. No mundo acentuamos um tanto — e isso por respeito às relações sociais — quem somos e o valor do que damos. Jesus, porém, para se tornar mais amável, para se pôr mais ao nosso alcance, dispensa tudo isso. Ele, cujo Corpo glorioso está no Céu, onde reina, onde recebe a corte dos Anjos, aqui oculta sua Glória, seu Corpo, sua Alma, sua Divindade e, a não ser o véu de sua Bondade, nada deixa transparecer. Rebaixa-se, humilha-se, aniquila-se a fim de não nos inspirar medo algum.

Já em sua Vida mortal, era tão manso, tão humilde de porte, que todos — crianças, mulheres, pobres, leprosos — se achegavam, sem receio, a Ele. Agora, caso se mostrasse, seu Corpo glorioso nos havia de ofuscar; vela-se, portanto, para que não tenhamos medo de vir à igreja, aberta a todos, pois sabemos que vamos para junto dum pai que nos espera para nos fazer bem e entreter-se familiarmente conosco. *"Quam bonus Israel Deus!"* Quão bom é o Deus de Israel!

II

Jesus dá-se-nos sem reserva. Espera, com paciência e longanimidade admiráveis, que nos cheguemos a Ele para recebê-lo. Dá-se a todos sem a ninguém repelir; fica à espera do pecador — estende os braços quarenta, sessenta anos àquele que um dia se renderá a suas instâncias — do pobre que o vem receber pela manhã, antes do trabalho, doce bênção para o dia que desponta. O maná caía no campo dos israelitas antes da aurora, a fim de que o celeste manjar não se fizesse esperar.

Nosso Senhor permanece sempre sobre o Altar, prevenindo a visita mais matutina — feliz de quem recebe a bênção primeira do Salvador! *"Venite ad me omnes."* Vinde todos a mim! Ah! se pudéssemos ver a alegria de

Nosso Senhor quando alguém se achega a Ele. Dir-se-ia Ele o principal interessado, como se algo fosse lucrar com isso.

Que tristeza fazer o doce Salvador esperar tanto! Infelizmente muitos jamais dele se aproximarão, ou conduzidos em um esquife, tarde demais se apresentarão a um juiz irritado.

III

Jesus dá sem brilho. Não vemos os seus dons. O apego à dádiva faria esquecer o doador. E, para que pensemos no seu Coração, no seu Amor, oculta suas mãos divinas. Ensina, destarte, a dar secretamente, a nos ocultar ao fazermos o bem, para que os agradecimentos se elevem a Deus, autor de todo bem.

A Bondade de Jesus desce até o reconhecimento. Sim, agrada-se de tudo quanto lhe damos e de tudo se regozija, a ponto de crermos que lhe é necessário. Chega a nos pedir, a nos suplicar: "Filho meu, rogo-te, dá-me teu coração!"

IV

Sua Bondade na Eucaristia beira à fraqueza. Não nos escandalizemos: é o triunfo da Bondade eucarística. Vede a mãe, cuja ternura não conhece outros limites que a morte, e o pai, indo ao encontro do filho pródigo, chorando de alegria ao avistar o ingrato, que dissipou sua fortuna. No mundo esse heroísmo de amor seria qualificado de fraqueza.

O que dizer da Bondade — o escândalo da Bondade — do Deus da Eucaristia! Jesus, no Santíssimo Sacramento, envolve-se de fraquezas. E, debaixo do seu Olhar, em sua Presença, aos pés de seus Altares, deixa-se insultar, desonrar, profanar. E não castigará o Anjo os novos Heliodoros, os Judas? Não. E o Pai Celeste permitirá os insultos ao Filho bem-amado?

É pior que no Calvário, onde, pelo menos, o sol se velou de horror, os elementos choraram seu Criador. Aqui nada disso. É o Calvário da Eucaristia que, erguendo-se por toda a parte, emana do Cenáculo e alastra-se por toda a parte até o derradeiro segundo do mundo.

Meu Deus, por que tal excesso? É a luta da Bondade contra a ingratidão. É Jesus, desejoso que seu Amor exceda ao ódio humano, querendo amar ao homem, fazer-lhe bem, a despeito de tudo. Resignou-se a todas as coisas, de preferência a se vingar, querendo cansar a criatura pela sua Bondade — Bondade sem glória, sem brilho, repleta de fraquezas, mas toda resplandecente de Amor para com os que querem ver.

"Quam bonus Israel Deus!" Quão Bom sois, ó Senhor Jesus, Deus da Eucaristia! Deus de Israel!

O Deus dos pequenos

"Ego mendicus sum et pauper."

"Sou pobre e mendigo" (Sl 39,18).

I

Jesus quis ser o último dos pobres para poder estender a mão ao menor entre eles e dizer-lhe: "Sou teu irmão".

Em sua Vida, o Céu admirava um Deus que se tornara pobre por Amor ao homem, para ser seu modelo e ensinar-lhe o valor da pobreza. Não há, de fato, pobre que tenha nascido de modo mais miserável que o Verbo Encarnado, cujo berço foi a palha dos animais, cujo teto foi o abrigo do rebanho. Ao crescer, comeu do pão de cevada, pão do pobre, e em sua Vida evangélica viveu de esmolas até morrer numa penúria jamais igualada.

E eis que agora, ressuscitado, glorioso, toma ainda a pobreza por companheira; encontrando meio de honrá-la, de praticá-la e tornando-se, ao habitar por entre nós no seu Sacramento, ainda mais pobre que nos dias de sua Vida mortal.

Uma mísera igreja, pior talvez que a gruta de Belém, eis muitas vezes sua morada. Quatro tábuas, freqüentemente carcomidas, eis seu Tabernáculo. Recorre à esmola dos sacerdotes, dos fiéis, para tudo, para a matéria do sacrifício, o pão, o vinho, a roupa que o deverá receber ou cobrir, os corporais, as toalhas de altar, pois do Céu só traz sua adorável Pessoa, seu Amor.

Os pobres não têm honras; Jesus não tem glória. Os pobres não têm defesa; Jesus está entregue a seus inimigos. Os pobres, poucos, ou nenhum, amigos têm; Jesus-Eucaristia os tem em pequeno número e para a maioria dos homens é um estranho, um desconhecido. Quão bela, quão amável é essa pobreza evangélica de Jesus!

II

Nosso Senhor pede-nos que, honrando em nós mesmos sua pobreza, a imitemos. Bem longe da perfeição estaríamos se imaginássemos que nos pede a pobreza temporal. Jesus visa mais alto. Quer que sejamos pobres em espírito. E que pobreza é esta? É o perfeito amor, a alma da verdadeira humildade.

A criatura, pobre em espírito, convencida de que nada é, nada tem, vê na sua pobreza seu mais alto, mais precioso qualificativo junto ao Coração de Jesus. Quanto mais pobre for, tanto maiores serão seus direitos à Bondade e Misericórdia divinas.

E notemos mais: à medida que o pobre aceita sua pobreza, coloca-se no lugar que lhe compete, pois somos nada e assim honrando mais a Deus, ao Criador, fá-lo-á maior e mais misericordioso.

Nosso Senhor, falando pela boca de um profeta, disse: "Em quem fitarei meu Olhar amoroso, senão no menor dos pobres, naquele cujo coração está partido?" É, portanto, em nossa pobreza, que tudo lhe devolve, e na homenagem de tudo, que lhe prestamos, que Deus encontra sua glória.

Ele ama tanto os pobres em espírito que, despojando seus servidores, fá-los triunfar em virtude da própria pobreza. Paralisa-lhes a inteligência, estanca-lhes o coração, subtrai-lhes a doçura de sua graça e de sua paz; entrega-os às tempestades das paixões, ao furor dos demônios; oculta-lhes seu sol, isola-os de todo socorro e finalmente esquiva-se Ele mesmo, de certo modo, à sua criatura consternada. Que estado doloroso!

Doloroso, não, sublime! Quanto mais lhe for arrancado, tanto maior será sua gratidão, como se se tratasse dum grande bem; quanto mais provado for, tanto maior será sua confiança na inesgotável Bondade de Deus. E quando o demônio lhe mostrar o inferno, quando seus pecados o acusarem e o condenarem, vede a grandeza desse pobre em espírito, exclamando: "Na verdade, o inferno seria para mim de justiça, nem seria bastante terrível, nem bastante vingador para os meus pecados, cometidos por malícia contra Vós, meu Criador e Pai. E, por merecer milhões de infernos, confio na vossa Infinita Misericórdia. E, por ser miserável, sou digno dela, e quanto mais miserável, mais digno sou. Sede justo para comigo neste mundo, ó meu Deus, eu vo-lo agradeço, e muito, por me permitir saldar minhas dívidas. Mais ainda, Senhor, mereço mais ainda!

Que pode responder Deus a este pobre cheio de gratidão? Só poderá se declarar vencido, abraçá-lo, abrir-lhe seus tesouros e, mostrando-o, cheio de admiração, aos Anjos, exclamará: "Eis o homem que, na verdade, me glorificou".

III

Fazendo a Adoração e a Comunhão enquanto pobres de Deus, encontraremos a aplicação fácil dos quatro fins do Sacrifício.

1.º) Que faz o pobre ao pedir uma esmola ao rico? Cumprimenta-o primeiro, respeitoso e alegre, sem pensar na sua miséria, esquecendo-se de que está sujo e mal trajado, para pensar somente na bondade do rico.

Procedei do mesmo modo para com Nosso Senhor. Esquecei vossa miséria para só vos lembrar de sua Clemência. Adorai-a confiante e humildemente.

2.º) O pobre louva, em seguida, a bondade do rico: "Sois bom, é voz comum, e já o fostes para comigo". Começai então a falar nos benefícios recebidos. Louvando, agradecendo a Bondade Divina para convosco, vosso coração encontrará expressões e lágrimas de reconhecimento doces e eloqüentes.

3.º) Finalmente, o pobre expõe suas necessidades: "Volto a vós com misérias maiores que as passadas. Só a vós tenho. Sei que vossa bondade, por exceder minha pobreza, não se cansará, que, dando-vos ocasião de fazer o bem, eu vos alegrarei".

Saibamos nós também expor nossas misérias em presença de Nosso Senhor e tomá-lo pelo lado do coração, pelo bem que pode fazer e então alegrar-se-á também, pois seu Amor só se manifesta pelas efusões de sua Bondade.

Ao receber o pobre muito mais do que pedira, chora comovido. Sem olhar para o que acaba de receber, mas sim para a gentileza do doador, tem uma resposta — nem outra poderia ter: "Ah! sois bom e bem o sabia eu". Se o rico, porém, fazendo entrar o pobre, o convidar a sentar-se à sua mesa, a este faltará coragem para comer, pois tanta generosidade, sensibilizando-o, confunde-o. Possa nossa miséria tornar a Bondade Divina mais compreensível.

4.º) Finalmente, o pobre separa-se do benfeitor, dizendo-lhe: "Ah! pudesse eu prestar-vos algum serviço. Pelo menos rezarei pela vossa família". E, alegre, pedindo bênçãos para o seu benfeitor, afasta-se rezando.

Façamos nós o mesmo. Rezemos pela família de Nosso Senhor. Bendigamos sua Bondade. Publiquemos por toda a parte sua Glória e prestemo-lhe a homenagem de nosso coração, de nossa vida.

A Eucaristia, centro do coração

"Manete in me." "Permanecei em mim"
(Jo 15,4).

O coração humano pede um centro de afeição e de expansão. Deus, ao criar o primeiro homem, declarou: "Não convém que o homem fique só; façamos-lhe uma companheira que lhe seja semelhante". E a *Imitação* diz: "Sem amigo, não saberás viver feliz".

Pois bem, Nosso Senhor, no Santíssimo Sacramento, quer ser o centro de todos os corações: "Permanecei no meu Amor. Permanecei em mim". E que é permanecer no Amor de Nosso Senhor? É fazer deste Amor, que vive na Eucaristia o centro de nossa vida, o centro único de toda nossa consolação, nas tristezas, nas aflições, nas decepções, nos momentos em que o coração se entrega e se abandona. É — a tal nos convida Ele — lançar-se no Coração de Jesus: "Vinde a mim todos vós que estais sobrecarregados e Eu vos aliviarei".

É, no gozo, referir a Nosso Senhor toda felicidade — não manda a delicadeza repartir com o amigo toda alegria? É fazer da Eucaristia o eixo dos nossos desejos:

"Meus Deus, só quero isso se vós o quiserdes e farei isso para vos dar prazer". É gostar de fazer a Nosso Senhor a surpresa de uma dádiva, de um ligeiro sacrifício. É viver pela Eucaristia, guiar-nos nos seus moldes, antepondo seu serviço a tudo o mais, e isso invariavelmente. Ai de nós! será em verdade Jesus nosso centro?

Talvez, nas aflições extraordinárias, nas orações fervorosas, nas necessidades prementes; mas na vida comum, pensamos nós deliberadamente em Jesus como se nosso centro fosse — e por que não o será — procedendo de acordo?

É porque não é ainda o eu do meu eu, é porque não me pus ainda inteiramente sob seu domínio nem me entreguei às inspirações do seu bel-prazer; é porque tenho desejos em luta, que rivalizam com os de Jesus em mim. Não, Ele ainda não é tudo em mim. Mas não trabalha o filho para seus pais, o Anjo para seu Deus? Não devo eu, portanto, trabalhar para Jesus Cristo, meu amo?

Que fazer então? Entrar nesse centro, nele permanecer e obrar. Não pelo sentimento de sua doçura, que não depende de nós, mas chegando-nos a Ele repetidas vezes, oferecendo-lhe a homenagem de cada uma das nossas ações. Coragem! ó minha alma! Sai do mundo, de ti mesma. Abandona-te. Vai ao encontro do Deus da Eucaristia, que tem uma morada para te receber. Ele te ama, quer viver contigo, viver em ti. Vive, portanto, em Jesus presente no teu coração, vive do Coração, da Bondade de Jesus-Eucaristia.

Trabalha, ó minh'alma, apoiada em Nosso Senhor em ti, fazendo tudo por Ele. Permanece nele. Vive nele pelo sentimento de devoção, de santa alegria, de prontidão para com tudo o que te pedir. Permanece no Coração e na Paz de Jesus-Eucaristia.

II

O impressionante é que esse centro da Eucaristia é um centro oculto, invisível, todo interior e, ao mesmo tempo, verdadeiro, vivo, nutritivo.

Jesus atrai espiritualmente a alma ao estado espiritualizado que é o seu no Sacramento. Qual é, com efeito, a Vida de Jesus no Santíssimo Sacramento? É toda oculta, toda interior. Encobre seu Poder, sua Bondade, sua Pessoa Divina. E todas as suas ações, todas as suas virtudes, adquirem um mesmo caráter simples e oculto.

Em redor, pede silêncio. Não roga mais ao Pai por entre suspiros e brados, como no Jardim das Oliveiras, mas sim pelo seu próprio aniquilamento. Da Hóstia emanam todas as graças; da Hóstia Jesus santifica o mundo, porém, de modo invisível e espiritual e, sem abandonar o lugar de repouso, sem sair do seu silêncio, governa o mundo e a Igreja.

Todo interior, tal o reinado de Jesus em mim. Preciso recolher-me ao seu lado: minhas faculdades, minha inteligência, minha vontade e, tanto quanto possível, meus sentidos. Preciso viver de Jesus e não de mim, em Jesus e não em mim. Preciso rezar com Ele; imolar-me com Ele; consumir-me num único Amor com Ele até constituir, com Ele, uma só chama, um só coração, uma só Vida.

E o alimento desse centro não é outro que o *egredere* de Abraão; é o despojamento, o abandono no exterior, a dimanação no interior, a perda em Jesus, vida essa que mais agradável é ao seu Coração, que mais honra ao Pai. Nosso Senhor, desejando-a ardentemente, diz-me: "Sai de ti mesmo, chega-te à solidão comigo e, a sós, te falarei ao coração". Ah! essa vida em Jesus é o amor de predileção, a excelência do amor, é o dom de si, é o trabalho da união. Viver assim é criar raízes, é preparar o alimento, a seiva da árvore: *"Regnum Dei intra vos est"*. O reino de Deus está dentro de vós.

III

E não há outro centro que Jesus, e Jesus-Eucaristia. "Sem mim nada podeis". Só Ele dá a graça, guardando para si o poder de aplicá-la, a fim de nos obrigar a vir a Ele. Quer, deste modo, firmar e alimentar sua união conosco, e reserva-se consolação e paz para que, nas aflições e na guerra, nele — a única felicidade do coração — nos refugiemos. Quer ser Ele mesmo o único centro de repouso: *"Manete in me"*, e para que nunca nos venha a faltar quando o procurarmos, está sempre à nossa disposição, sempre pronto, sempre amável.

Ele atrai-nos incessantemente a si. E que é a vida senão a contínua atração que sentimos para com Ele? Ai de nós, quão fraco é ainda em nós esse centro! Quão confusas, raras, longamente interrompidas são minhas aspirações a Jesus! E todavia Ele me repete: "Quem me ama permanece em mim e Eu permaneço nele".

O soberano Bem

"Mane nobiscum, quoniam advesperascit."

"Permanecei conosco, Senhor, porque entardece" (Lc 24,29).

Os discípulos, ao se dirigirem a Emaús, estão interiormente aquecidos, iluminados, comovidos pela conversa do divino estranho que se juntou a eles no correr na jornada e agora os quer deixar. Surge, porém, logo o protesto: "Senhor, permanecei conosco, porque já entardece". Não podiam se saciar de ouvir o Mestre e, para eles, perdê-lo, era perder tudo.

Nós, também, podemos dizer-lhe: "Senhor, permanecei conosco, pois sem vós é noite, e a noite é horrível". A Eucaristia, com efeito, é o soberano bem do mundo. Ficar dela privado seria a maior das desgraças.

I

Jesus é na verdade o Bem soberano! "Com Ele, me vieram todos os bens", diz-nos a Sabedoria, e São Paulo exclama: "Já que Deus nos deu seu Filho, como não nos teria tudo dado nele?"

De fato, tudo o que tem, tudo o que é, Ele no-lo dá — mais não pode fazer: *"Omne quod habet, omne quod est, dedit nobis; plus dare non potuit"*. Em Jesus-Eucaristia brilha a luz sobre o mundo. Na Eucaristia temos o alimento dos fortes, o viático dos viajantes, o pão de Elias que nos ajuda a alcançar a montanha de Deus, o maná que nos faz suportar o horror do deserto.

Em Jesus temos consolação, repouso nas horas de cansaço, nas aflições da alma, nos quebrantamentos do coração. Na Eucaristia encontramos bálsamo para os nossos males, pagamento das nossas dívidas que, em virtude dos nossos pecados, contraímos diariamente para com a Justiça Divina. Nosso Senhor oferece-se a cada manhã, qual Vítima de propiciação, pelos pecados do mundo.

II

Temos, porém, certeza de conservar sempre a esse Dom que a todos excede? Jesus Cristo prometeu permanecer em sua Igreja até a consumação dos séculos: mas nada prometeu a povo ou indivíduo algum. Se soubermos envolver sua Pessoa sacrossanta de honra e de amor, Ele ficará. A condição está patente. Jesus Cristo tem direito à honra e tal pede. É Rei e Salvador nosso. A Ele tributemos honra sobre toda honra, a Ele o culto supremo da latria, a homenagem pública: somos seu povo.

A corte celeste prostra-se ante o Cordeiro imolado. Jesus, ao fazer sua entrada no mundo, recebeu as adorações dos Anjos; e, no correr de sua Vida mortal, as das massas e, depois de ressuscitado, as dos Apóstolos. Povos e reis vieram adorá-lo.

No Sacramento não merece Ele honras maiores ainda, pois multiplica os sacrifícios e rebaixa-se cada vez mais? A Ele toda a honra solene, toda a magnificência, toda a riqueza, toda a beleza do culto, cujos pormenores Deus houve por bem determinar, no culto mosaico, que era apenas uma figura do nosso. Os séculos da fé, julgando-se sempre aquém do esplendor devido ao culto eucarístico, congregavam seus esforços nas basílicas e nos vasos sagrados, obras-primas de arte e de magnificência.

A fé era a autora dessas maravilhas. O culto e a honra tributados a Jesus Cristo são a medida da fé do povo, a expressão de sua virtude. Honra, pois, a Jesus Eucaristia que, merecendo-a, a ela tem direito.

Não saberia, no entanto, contentar-se com homenagens exteriores; quer o culto do nosso amor: nosso serviço interior, a submissão de nosso espírito, não reconcentrada, mas manifestada pelas atenções tão ternas quão delicadas do filho extremoso para com seus pais. Este vive perto deles, precisa vê-los e testemunhar-lhes sua ternura, pois longe deles sofre e definha; que pressuroso acode à primeira necessidade, voa ao primeiro sinal, previne os desejos, tanto quanto lhe é possível, pronto a tudo o que der prazer ao pai, à mãe — eis o culto do amor natural.

Idêntico é o culto do amor que reclama Jesus Eucaristia. Quem ama, procura a Eucaristia, fala dela de bom grado, precisa de Jesus e pendendo sempre para seu lado, oferece-lhe ações, alegrias e consolações, fazendo de tudo um ramalhete para Ele. A tal preço conservaremos o Santíssimo Sacramento. Perdê-lo, seria soberano mal.

Quando o sol se deita, as trevas tornam-se densas. Sem luz não há calor. Apagando-se no coração o amor à Eucaristia, perde-se a fé, reina a indiferença, e na noite da alma surgem os vícios, quais aves de rapina em busca de presa.

Desgraça sem par! O que será capaz de reanimar o coração glacial se a Eucaristia for impotente para aquecê-lo? O que Jesus Cristo faz para os indivíduos, fá-lo também para os povos.

Ele não é mais amado, respeitado, conhecido, mas, sim, abandonado e desprezado. Que poderá fazer o rei desamparado pelos súditos? Jesus vai-se! Vai à procura dum povo mais digno.

Quão tristes são esses abandonos de Nosso Senhor! No Cenáculo, Ele teve um Tabernáculo, mas hoje o Cenáculo tornou-se mesquita! E não havendo mais adoradores em verdade, que restava a Jesus fazer lá?

Jesus Cristo abandonou o Egito e a África, outrora terras clássicas de Santos, habitadas por legiões de monges. Não estando mais lá a Eucaristia, reina a desolação. Podeis, no entanto, ter certeza de que Jesus foi o último a se retirar e só o fez quando não encontrou mais um adorador sequer.

Que nuvem de desolação assola nossa Europa! Jesus, expulso dos seus templos, profanado nos seus altares, foi-se de vez. A França viu diminuir sua fé, seu amor para com a Eucaristia e, como resultado, quantas igrejas onde Jesus Cristo outrora recebera adoradores fervorosos foram entregues aos hereges. Ao apagar-se o amor, Jesus fugiu — e não mais voltou.

O que inspira receio, hoje em dia, é ver Jesus-Eucaristia abandonado em todas as cidades, sozinho, absolutamente só. Nos campos fecham-se as igrejas, por medo de ladrões, e também por que nunca ninguém nelas entra! Será possível? Queremos então perder a Eucaristia?

Saibamos que, ao deixar-nos Jesus, voltam os cadafalsos, as perseguições, a barbárie. Quem poderá reter tais flagelos?

Ah! Senhor, permanecei conosco e seremos vossos fiéis adoradores. Melhor seria o exílio, a mendicidade, a morte, que ficar privados de vós. Não nos inflijais tal castigo, não abandoneis o santuário de vosso Amor. Senhor, permanecei, permanecei conosco, pois começa a anoitecer, e sem vós já é noite: *"Mane nobiscum, Domine, quoniam advesperascit"*.

O Santíssimo Sacramento não é amado

"Tota die expandi manus meas ad populum non credentem et contradicentem."

"Diariamente estendo as mãos a um povo que me repele" (Rm 10,21).

I

Infelizmente, Nosso Senhor, no Santíssimo Sacramento, não é amado — verdade patente. Não é amado em primeiro lugar por esses milhares de pagãos, de judeus, de infiéis, de sismáticos e de hereges que desconhecem, ou mal conhecem, a Eucaristia.

Ah! se entre tantas mil criaturas em que Deus pôs um coração capaz de amar, quantos gostariam do Santíssimo Sacramento se lhes fosse dado conhecê-lo, como eu o conheço! Não me cabe, portanto, amá-lo por elas e em seu lugar? E entre os católicos, poucos, mui poucos amam a Jesus no Santíssimo Sacramento — quantos pensam nele, falam dele, adoram-no, recebem-no?

E por que este esquecimento, esta frieza? Ah! nunca provaram a Eucaristia, nem a suavidade, nem as delícias de seu Amor! Nunca conheceram a Bondade de Jesus e não suspeitam a extensão de seu Amor no Santíssimo Sacramento.

Alguns têm fé em Jesus, mas fé inativa, fé de tal modo superficial que não toca o coração, mas se contenta com o que exigem, em todo o rigor, a consciência e a salvação. E mesmo este número é relativamente pequeno comparado aos católicos que vivem quais verdadeiros pagãos, como se jamais tivessem ouvido falar da Eucaristia.

II

E por que é Nosso Senhor tão pouco amado na Eucaristia? É porque não se insiste bastante sobre este assunto; recomenda-se apenas a fé na presença de Jesus Cristo, em vez de falar de sua Vida, de seu Amor no Santíssimo Sacramento e de fazer sobressair os sacrifícios que lhe impõe o Amor; numa palavra, em vez de mostrar a Jesus-Eucaristia amando a cada um de nós pessoal, particularmente.

É também porque nossa conduta patenteia nosso pouco amor. Ao ver o modo pelo qual rezamos, adoramos, freqüentamos a Igreja, ninguém compreende a presença de Jesus Cristo.

Quantos, por entre os melhores, nunca fazem uma visita de devoção ao Santíssimo Sacramento, para falar-lhe com o coração, dizer-lhe seu amor! E se não amam a Nosso Senhor na Eucaristia, é porque não o conhecem bastante.

Se todavia, o conhecem a Ele e ao seu Amor, aos sacrifícios, às ambições de seu Coração e se, apesar disso, não o amam, que injúria, injúria, sim! pois eqüivale a dizer a Jesus Cristo que Ele não é bastante belo, bastante amável para ser preferido a tudo o que lhes agrada.

É uma ingratidão.

Depois de tantas graças recebidas desse bom Salvador, depois de tantas ofertas de si mesmo ao seu serviço, tratá-lo desta maneira eqüivale a zombar do seu Amor.

É uma vergonha.

Pois se não o queremos conhecer melhor, vê-lo de mais perto, recebê-lo, falar-lhe ao Coração, é que receamos ser enlaçados por seu Amor! Temos medo de não poder resistir à sua Bondade, medo de ser obrigados a entregarmo-nos e lhe sacrificarmos incondicionalmente o coração, o espírito, a vida. Temos medo do Amor de Jesus Cristo no Santíssimo Sacramento e queremos fugir dele. Perturbando-nos sua Presença, receando acabar por ceder, fugimos, qual Pilatos e Herodes.

III

Não amamos a Nosso Senhor no Santíssimo Sacramento porque ignoramos, ou não examinamos suficientemente os sacrifícios que seu Amor aí oferece por nós, sacrifícios de tal forma admiráveis que, só pensar neles, oprime-me o coração e traz-me lágrimas aos olhos!

A instituição da Eucaristia era o custo de toda a Paixão do Salvador. E como assim? Porque a Eucaristia é o sacrifício sem vítima, cuja Morte a imolação exige. E para ter parte nos méritos do sacrifício, é mister participar da vítima pela manducação. Ora a Eucaristia a tudo compreende.

É o sacrifício não sangrento, pois a Vítima só uma vez morreu e que por essa Morte reparou e mereceu toda a justificação. Mas, para aplicar os méritos do

Sacrifício Sangrento da Cruz que deve durar e ser oferecido a Deus até o fim do mundo, a Eucaristia se perpetua em seu estado de vítima. Cabe-nos participar da Vítima, mas não estivesse ela nesse estado de morte, teríamos demasiada repugnância em comê-la; só comemos o que já morreu à sua própria vida.

De modo que a Eucaristia era o custo da Agonia de Jesus no Jardim das Oliveiras, das humilhações por que passou nos tribunais de Caifás e de Pilatos, de sua Morte no Calvário! A Vítima, para chegar ao estado sacramental, para chegar até nós, submete-se a todas essas imolações.

Ao instituir seu Sacramento, Jesus perpetuou os sacrifícios de sua Paixão e condenou-se a sofrer.

Um abandono tão doloroso quanto o que sofreu no Jardim das Oliveiras; a traição dos amigos e dos seus discípulos que se tornariam cismáticos, hereges, renegados ao ponto de vender as Santas Hóstias, aos mágicos...

Ele perpetuava ainda as negações que tanto o afligiram em presença de Anás; os furores sacrílegos de Caifás; os desprezos de Herodes; a vileza de Pilatos; o vexame de ser preferido por uma paixão, um ídolo de carne, como se viu preferido por Barrabás; a crucifixão sacramental no corpo e na alma do comungante sacrílego.

Pois bem, Nosso Senhor tudo sabia de antemão. Conhecia os novos Judas, contava-os no número dos fiéis, considerando-os quais filhos queridos. E nada disso o fez recuar. Ele quis que seu Amor ultrapassasse a ingratidão e a malícia humanas, quis sobreviver à sua sacrílega malícia.

Conhecia a tibieza dos seus, a minha própria tibieza; sabia o pouco fruto que havíamos de retirar da Comunhão e quis amar apesar de tudo, quis que seu Amor, que não nos é dado conhecer, excedesse o nosso amor.

Resta ainda alguma coisa? Aparentar a Morte quando possui em si a plenitude da Vida — Vida sobrenatural e gloriosa, ser tratado qual morto, como tal considerado, não é alguma coisa? Essa Morte aparente afirma que Jesus está sem beleza, sem movimento, sem defesa, envolvido nas Santas Espécies qual num sudário e no tabernáculo qual num túmulo; no entanto aí está, vendo, ouvindo, sofrendo tudo como se morto fosse. O Amor velou-lhe o Poder, a Glória, as Mãos, os Pés, o belo Semblante, a Boca sagrada, tudo enfim. Só lhe deixou o Coração para amar e o estado de vítima para interceder em nosso favor.

À vista de tamanho Amor de Jesus Cristo para com o homem, que lhe é tão pouco agradecido, o demônio parece triunfar e insultar a Jesus. "Eu nada dou ao homem que seja verdadeiro, belo, bom; nada sofri por ele e, no entanto, sou mais amado, mais obedecido, mais bem servido que vós".

Ai de nós, que dura verdade! Nossa frieza, nossa ingratidão são o triunfo de Satanás sobre Deus. Como esquecer o Amor de Nosso Senhor, Amor que tanto lhe custou, e ao qual nada recusou?

VI

É verdade também que o mundo emprega todos os esforços para impedir-nos de amar a Jesus no Santíssimo Sacramento com amor real e prático; de visitá-lo, com o intuito de paralisar os efeitos desse mesmo Amor.

Absorve, liga, cativa as almas nas ocupações, nas boas obras exteriores para desviá-las de deter o pensamento no Amor de Jesus. Combate, até, diretamente esse amor prático, representando-o como supérfluo, possível, quando muito, no claustro.

E o demônio guerreia incessantemente a Jesus no Santíssimo Sacramento, que sabe aí estar vivo substancial, atraindo e possuindo diretamente as almas por sua própria virtude; e deseja apagar em nós o pensamento, a boa impressão da Eucaristia — ponto decisivo para ele.

E Deus, todavia, é todo Amor. E esse doce Salvador clama da Hóstia Santa: "Amai-me como Eu vos amei; permanecei no meu Amor. Eu vim para trazer à terra o fogo do Amor e meu desejo mais ardente é vê-lo abrasar vossos corações!"

Ah! que haveremos de pensar ao morrer, e depois da morte, sobre a Eucaristia, quando lhe virmos, lhe conhecermos toda a Bondade, todo o Amor, todas as Riquezas! Ó meu Deus, que juízo deveis formar de mim, que há longo tempo vos conheço, que tantas vezes comungo! Vós me destes tudo o que era possível, querendo, em troca, que eu vos servisse — e eu ainda não possuo a primeira virtude desse serviço. Vós não sois minha lei soberana, o centro de meu coração, o fim de minha vida. Que precisais ainda fazer para triunfar de meu coração?

Ah! Senhor, não hesitarei mais! Resolvido finalmente, tomo por divisa: *Ou Eucaristia ou a morte!*

O triunfo de Cristo pela Eucaristia

"Christus vincit, regnat, imperat; ab omni malo plebem suam defendat."

"Cristo vence, reina, impera e defende seu povo de todos os males."

O Papa Xisto quinto fez gravar estas palavras no obelisco que domina a praça de São Pedro em Roma. Palavras magníficas que, pertencendo ao presente, e não ao passado, indicam-nos que o triunfo de Jesus Cristo é sempre atual e se realiza pela Eucaristia e na Eucaristia.

I

"Christus vincit." *"Cristo vence."*

Nosso Senhor combateu e, triunfando no campo de batalha, nele fixou seu estandarte, sua morada, a Sagrada Hóstia, o Tabernáculo eucarístico. Estabeleceu seu Tabernáculo sobre o Calvário, onde, velado sob as espécies sacramentais, todas as nações o vêm adorar. Vencendo o paganismo, escolheu Roma a cidade dos Césares, por capital e firmou seu Tabernáculo no templo de Júpiter Tonante.

Ele venceu a falsa sabedoria dos sábios. E, ante a divina Eucaristia, pairando sobre o mundo e emitindo seus raios por toda a terra, as trevas se dissiparam quais sombras noturnas ao despontar do sol. Derrubaram-se os ídolos, desfizeram-se os sacrifícios. Jesus-Eucaristia, como conquistador, jamais parando, caminha sempre para diante, a submeter o universo ao seu doce Império.

Ao apoderar-se de um país, implanta sua tenda real e eucarística, enquanto a ereção de um Tabernáculo marca sua tomada de posse. Ainda hoje, dirige-se Ele às nações selvagens. A Eucaristia penetra em todo lugar e em todo lugar os povos se convertem ao cristianismo. Aí está o segredo dos triunfos dos missionários católicos: Jesus combate e triunfa.

II

"Christus regnat." *"Cristo reina."*

Jesus reina, não sobre os territórios, mas — e isso pela Eucaristia — sobre as almas. O soberano reinará em virtude das leis, e pelo amor que souber inspirar aos seus súditos.

Ora, a Eucaristia é a lei do cristão, lei toda de Caridade e de Amor, lei exposta no Cenáculo no admirável discurso após a Ceia: *"Amai-vos uns aos outros, eis o meu preceito. Amai-vos como Eu vos amei. Permanecei em mim e observai meus mandamentos"*.

Lei revelada na Comunhão: como os discípulos de Emaús, o cristão, encarando a tudo com nitidez, compreende a plenitude dessa mesma lei. Na Fração do Pão encontravam os primeiros cristãos força contra as perseguições, e fidelidade na prática dos mandamentos de

Jesus Cristo. *"Erant perseverantes in communicatione fractionis panis."* Perseveravam na Fração do Pão.

A lei de Jesus Cristo é Santa, universal, eterna. Nada nela será alterado, nada a poderá enfraquecer. Jesus Cristo em Pessoa, seu divino autor, é também seu guarda; é o próprio legislador que, gravando-a no coração pelo seu amor, promulga em cada alma sua lei divina.

Lei toda de Amor. Quantos soberanos reinam pelo amor? Só Jesus Cristo não impõe seu jugo pela força, pois seu Reinado é todo de doçura; seus verdadeiros súditos têm-lhe uma dedicação de vida e de morte, morrendo, se necessário for, para lhe serem fiéis.

III

"Christus imperat." *"Cristo impera."*

Que soberano impera sobre todo o universo? Entre os reis existe igualdade. "Dar-te-ei por herança todas as nações", são as palavras de Deus Pai a Jesus Cristo. E Nosso Senhor, enviando seus emissários a percorrer o mundo, disse-lhes: "Todo Poder me foi dado no Céu e na terra: Ide e ensinai, governando a todas as nações". Ordens emanadas do Cenáculo, e o Tabernáculo eucarístico é o prolongamento, a multiplicação do Cenáculo, quartel-general do Rei dos reis. Aí os que combatem em seu nome recebem suas ordens.

Perante Jesus-Eucaristia todos são súditos, todos obedecem, tanto o Papa, Vigário de Jesus Cristo, como o último dos fiéis.

Cristo impera.

IV

"Christus ab omni malo plebem sua defendat."
"Cristo defende seu povo de todo mal."

A Eucaristia é o pára-raios divino que afasta das nossas cabeças os raios da Justiça de Deus. Que mãe dedicada e terna não tomaria o filho nos braços para subtraí-lo à cólera do pai, apertando-o junto ao seio até opor seu corpo, qual barreira, ao esposo irritado?

Assim também Jesus, multiplicando-se pelo mundo, cobrindo-o, envolve-o em sua presença misericordiosa. A Justiça Divina não ousa mais ferir por não saber onde.

Que proteção também contra o demônio! É o Sangue de Jesus que, enrubescendo os lábios, torna-nos terríveis aos olhos de Satanás; tintos no Sangue do verdadeiro Cordeiro, o anjo exterminador não poderá entrar em nós.

A Eucaristia protege o culpado para lhe dar o tempo de se arrepender. Outrora o assassino, perseguido pela lei, para fugir ao castigo, refugiava-se numa igreja e vivia à sombra da Misericórdia de Jesus Cristo.

Ah! sem a Eucaristia, sem esse Calvário perpétuo, quantas vezes não teria a Cólera Divina estalado sobre nossas cabeças! Quão desgraçados são os povos que não a possuem! Que trevas, que anarquia nos espíritos; que frieza nos corações! Só Satanás reina qual senhor e, com ele, todas a paixões perversas. Quanto a nós, a Eucaristia livra-nos de todos os males.

"Christus vincit, Christus regnat, Christus imperat; ab omni malo plebem suam defendat!"

Deus está aqui

"Vere Dominus este in
loco isto, et ego nesciebam."

"Na verdade está aqui o
Senhor e eu não o sabia"
(Gn 28,16).

I

Para julgar uma família, procuremos saber se a lei do respeito é nela observada. Daquela em que filhos e servos são submissos e respeitosos, podemos dizer que é uma família boa e feliz.

Assim como o respeito aos soberanos, ou aos seus representantes, constitui a religião das sociedades, assim também o respeito e a honra aos pais constitui a religião da família.

Devemos honrar, não as qualidades, mas sim a dignidade que provém de Deus. Ora, respeitar a Nosso Senhor é nossa primeira obrigação, respeito todo espontâneo e de modo algum arrazoado, respeito instintivo sob pena de nos falhar um dos sentidos.

É uma impressão. Sua dignidade de Homem-Deus manda que Ele seja honrado por toda a parte onde se encontra, pois, ao ouvir seu Nome, dobra-se todo joelho no Céu, na terra e nos infernos. No Céu, onde toda glória é dada a Deus, e lhe é tributado soberano respeito, os Anjos prostram-se ante sua Majestade e, trêmulos, adoram-no. Na terra, toda criatura obedece a Nosso Senhor. Sob seus pés, o mar acalmou-se, adorando-o. Ao amaldiçoarem-no os homens, o sol e os astros choram-no, honrando-o. Nos infernos tremem os danados entregues à Justiça rigorosa do Juiz dos vivos e dos mortos.

II

Demais, o respeito devido a Nosso Senhor presente é um respeito espontâneo. Ao anunciar-se a chegada da Corte do Rei, todos se põem de pé à passagem do soberano, cumprimentam, levados por um movimento natural de acatamento e de deferência. Quem não tem mais esse sentimento, ou almeja destruí-lo nos outros, não merece ser qualificado de homem.

Ah! que vergonha para os católicos é o pouco respeito — respeito instintivo — que têm em presença de Nosso Senhor! Quem não se portar bem, ou falar, será excluído da Sinagoga, e quem quiser penetrar numa mesquita precisará descalçar-se. E a diferença entre nós e esses infiéis é que eles nada têm de real em seus templos, enquanto nós temos tudo! E mesmo assim seu respeito ultrapassa — e muito — o nosso.

Bem poderia Nosso Senhor dizer que o demônio é mais honrado que Ele. "Criei filhos que me desprezaram." Agradaria por acaso à mãe negar-lhe o filho publicamente o cumprimento? E havemos de proceder para com Nosso Senhor de um modo que tanto nos fere a nós? Por que ser menos sensível à honra de Jesus Cristo do que à nossa insignificante dignidade, que só nos chega, qual reflexo de Deus? Haverá algo de mais falso? Quem falta ao respeito devido para com Nosso Senhor, destrói o respeito devido a si mesmo.

Ah! por que não castiga Nosso Senhor devidamente as nossas faltas de respeito? Não mandou Ele flagelar Heliodoro por ter profanado o templo e não temos nós aqui mais do que o templo? Prestemos, portanto, a Nosso Senhor, ao chegarmos à sua Presença, essa primeira homenagem do sentimento de respeito, e se dermos preferência à leviandade, à negligência, então somos uns miseráveis. As faltas de respeito constituem indubitavelmente nossos maiores pecados contra a Fé.

III

Quem tem Fé sabe para onde se dirige quando vai à igreja, isto é, ao encontro de Nosso Senhor Jesus Cristo, e ao entrar poderá dizer com S. Bernardo, a todas essas preocupações: "Ficai à entrada, preciso ir ter com Deus, para me confortar". Procedei da mesma forma e, sabendo o tempo que ides permanecer em oração, esquecei a tudo mais. Quem vem para orar, não vem para tratar dos negócios. E se as distrações, a imaginação, as preocupações vos vierem importunar, não vos perturbeis, mas, tranqüilamente, afastai a tudo. Ficai a confessar respeitosamente vossa fraqueza comportando-vos bem, a fim de provar a Nosso Senhor que toda distração vos é detestável e assim vossa atitude professará, já que o espírito não o faz, sua Divindade e sua Presença. Na falta de mais, isto já seria muito.

Reparai num Santo ao entrar numa igreja. Alheio às pessoas, esquecido de tudo, só a Nosso Senhor vê. Quem em presença do Papa pensará nos bispos ou cardeais? A Deus só toda honra e toda glória. Os Santos no Céu não perdem tempo trocando honras. Imitemo-los na igreja e vejamos tão-somente a Nosso Senhor.

Uma vez lá, ficai quietos um momento, pois o silêncio constitui a marca maior de respeito, primeiro requisito da oração. E grande parte das securas e da indevoção é resultado quer da falta de respeito para com Nosso Senhor ao entrarmos na igreja, quer da nossa atitude pouco respeitosa dentro do templo.

Ah! saibamos tomar uma resolução inabalável quanto a este respeito instintivo, que não exige raciocínio nosso. Precisará Nosso Senhor provar-nos sua Presença sempre que entrarmos na igreja, enviando-nos um Anjo para no-la confirmar? Seria, de certo, bem triste, mas, infelizmente, bem útil!

Deveis a Nosso Senhor o respeito exterior. Nada favorece tanto a oração da alma como a oração do corpo. Vede o religioso cuidado da Igreja ao determinar os pormenores do culto exterior, pela muita glória que dá a Jesus Cristo. Deu-nos Ele o exemplo ao rezar de joelhos, enquanto a tradição no-lo mostra orando com os braços em cruz levantados ao Céu. Os Apóstolos conservaram-nos esse modo de rezar e o sacerdote emprega-o no Santo Sacrifício.

E nosso corpo, recebendo a vida de Deus e vivendo continuamente de seus benefícios, nada lhe deverá? É preciso que reze pela postura impregnada de respeito. As atitudes negligentes do corpo amolecem a alma, enquanto a postura cruciante a fortifica e favorece. Não vos deveis impor uma atitude por demais rigorosa, mas sim um porte severo. As posições familiares em presença de Deus geram o desprezo. Amai, sede ternos e afetuosos, nunca familiares. A atitude irreverente é muitas vezes causa da aridez e da falta de devoção.

Em viagem, ou nas orações de superrogação feitas em particular, podeis adotar uma atitude menos forçada. Mas ante Nosso Senhor vossos sentidos devem adorar. Lembrai-vos da severidade de Deus em se tratando desse ponto da lei antiga. Lembrai-vos também das preparações minuciosas às quais se sujeitavam os Levitas, querendo Deus desta forma fazer-lhes sentir sua dependência e prepará-los a rezar bem.

Por falta de respeito exterior, fenece nossa piedade. Se não devemos tremer de medo em Presença de Deus ao ponto de não ousar sequer dela nos aproximar, tampouco devemos ostentar menosprezo por ela.

A atitude severa auxilia-nos poderosamente a orar melhor. Será que, para satisfazer nossa sensualidade, não a adotaremos? Julgamo-nos cansados — quão freqüentemente nos ilude a imaginação —, mas passasse o Papa e nossa fadiga pretensa não nos impediria de nos ajoelhar. E posto que de fato o cansaço fosse real, não receemos tanto o sofrimento — dilata as asas da oração. Seja nossa atitude, pelo menos, firme e séria. Sentem-se os leigos, se estiverem cansados, mas dignamente, e não se deitem nas cadeiras. Não tomeis atitudes que, afrouxando a alma, a tornam imprópria à oração.

Quanto a nós, religiosos, fiquemos de joelhos, verdadeira posição do adorador, e se estivermos por demais cansados, levantemo-nos, atitude digna também; nunca, porém, nos sentemos. Sejamos os soldados do Deus da Eucaristia. E, se o amor não nos abrasa o coração, que o corpo pelo menos ateste nossa fé e nosso desejo de amar, de proceder bem. Que o coração reze sempre, reze e adore. Formemos todos a corte do Rei Jesus e pensemos que o Mestre aí está até embeber-nos o espírito com essa idéia. Atenção! Nosso Senhor Jesus Cristo aí está! *"Vere Dominus est in loco isto!"*

O Deus do coração

"Sentite de Domino in bonitate."   "Senti bem do Senhor" (Sb 1,1).

Ao respeito instintivo, à homenagem exterior, acrescentemos o respeito amoroso; aquele honra a dignidade de Nosso Senhor — é o respeito do servo; este, sua Bondade — é o respeito do filho.

Ora, Nosso Senhor dá maior valor a este último. Fixarmo-nos, portanto, na homenagem exterior eqüivale a não adiantar. Ele quer sobretudo ser honrado em sua Bondade. Na Lei Antiga o caso era outro. "Tremei ao vos aproximardes de meu santuário", eram as palavras que encimavam o templo. Impunha-se fazer tremer os judeus carnais e levá-los pelo medo.

Mas hoje, tendo-se Nosso Senhor encarnado, quer ser servido por amor. "Vinde todos a mim e Eu vos aliviarei. Vinde: Eu sou manso e humilde de coração", são as palavras que encimam o Tabernáculo.

Nosso Senhor na Vida mortal outra coisa não fez senão conquistar-se o título de bom, e tanto seus discípulos como seus próprios inimigos chamavam-no *Magister bone*, bom Mestre.

É agora, porém, é na Eucaristia que Nosso Senhor quer gozar do título de bom Mestre. Longe de diminuir sua familiaridade para conosco, intensifica-a. Ele quer que pensemos na sua ternura e dilatemos o coração. Quer que o motivo dominante de nos chegarmos a seus pés seja a alegria que nos proporciona sua vista.

É a razão de ser de seu véu sacramental. Vai-se mais facilmente ao encontro do grande do que ao encontro do bom. Mostrásse-nos Nosso Senhor sua Glória e não nos chegaríamos ao seu Coração. Imitaríamos os judeus e Nosso Senhor quer que sejamos infantis. E, se nos pede o respeito exterior, é como um primeiro passo que nos levará ao Coração e nos fará permanecer em sua paz.

Fosse-nos dado ver a Nosso Senhor em toda a sua grandeza, tremendo, lançar-nos-íamos por terra, mas nunca faríamos um ato de amor, pois ainda não estamos no Céu!

Há livros que só falam da Majestade Divina. Pensar nela de vez em quando é justo, mas não é bom, é até cansativo fixar-se nela até constituir toda a nossa oração. Em presença de Nosso Senhor tão cheio de Bondade, reza-se uma, duas horas, sem tensão de espírito. Se as distrações se apresentarem — e tantas vezes quanto se apresentarem — pede-se perdão. A certeza do perdão torna-nos incansáveis; de outra forma, sob repetidas distrações, desanimados, abandonaríamos toda a oração.

II

A consideração da Bondade de Nosso Senhor honra-o. Fá-lo trabalhar, pois sua Bondade só se pode exercer para com os inferiores. Se me puser, portanto, bem embaixo, se me tornar pequenino, atrairei a mim em abundância suas graças, suas suaves efusões. Colocando-nos então entre os pobres e os pequenos, a quem tanto amava Nosso Senhor, digamos-lhe: "Já que sois tão bom, tendes aqui onde exercer vossa Bondade".

Falamos então em toda liberdade. De outro modo, trêmulos, hesitantes, como se estivéssemos em presença dos reis, não saberíamos nos exprimir.

A Eucaristia, pela sua doçura, torna eloqüente a língua das crianças e todos nós somos crianças. A Bondade eucarística facilita e suaviza-nos a oração. Tendemos naturalmente a nos elevar em virtude das graças concedidas, até considerá-las nossa propriedade, o que desagrada a Nosso Senhor. Ele só no-las empresta para que frutifiquem em seu benefício. Então, para nos humilhar, entrega-nos às distrações. Quiséramos rezar sem elas e, não o conseguindo, surge a idéia de abandonar a oração, onde não fazemos senão pecar.

Mera ilusão! Penetremos na Bondade de Nosso Senhor e nossas culpas não mais nos amedrontarão; a Misericórdia, que se ergue em nossa frente, no-las perdoará.

III

Em virtude desse culto de amor, devemos nos aproximar em toda confiança de Nosso Senhor. Que nosso amor seja um amor pessoal. "Senhor, eis-me, eu a quem tanto amastes, tanto esperastes: a quem estendestes os braços". E tal idéia dilatar-nos-á o coração.

Não poderemos permanecer insensíveis ao fato de que Nosso Senhor nos ama pessoalmente, se disto nos convencermos. É na verdade o segredo do recolhimento real, não afetado. Para nos conservar unidos a Ele, embora sempre agindo e cumprindo com as obrigações do estado, coloquemo-nos na sua Bondade; nosso coração, agindo nele, ficará necessariamente recolhido. E enquanto o espírito se liberta, adquirindo independência, aplicar-se-á indiferentemente a tudo. O coração, dirigindo e governando a cabeça, irradia-lhe suas influências.

Assim é que a Caridade de Deus a tudo se alia. Se nosso espírito quisesse permanecer sob a impressão da Majestade ou da Grandeza, absorver-se-ia, cansar-nos-ia, perdendo de vista a Deus ou aos seus deveres. No coração recolhido está o verdadeiro recolhimento. Deus deu-nos uma capacidade intelectual que rapidamente se esgota, mas foi generoso em se tratando do coração, que pode sempre amar mais. A Presença cordial de Deus é compatível com tudo, animando-nos; nela vemos a Bondade de Deus — vivemos dela — e sua Misericórdia.

O servo assalariado corre, voa ao menor sinal do amo, sem esperar gratidão alguma, pois faz jus ao seu salário. A obediência filial tem todavia um perfume constante, que nada substitui; é afetuosa, isenta de vaidade.

Nosso Senhor no-las pede. Abre mão, em favor dos pais, do regato, mas quer para si o rio. Ah! saibamos dar-lhe, de vez, todo o nosso coração! Ao chegarmo-nos à sua Presença, devemos-lhe a honra do respeito instintivo, profundo tributado à sua Majestade.

Mas, sem nos demorarmos, vamos ao encontro de sua Bondade e nela descansemos. *"Manete in dilectione mea."* Permanecei no meu Amor.

O Culto da Eucaristia

"Dilexi decorem domus tuae."   "Amei a beleza de vossa morada" (Sl 25,8).

Chegou-se um dia uma mulher — que boa adoradora! — a Jesus para adorá-lo. Trazia consigo um vaso de alabastro cheio de perfumes que lhe derramou sobre os Pés para testemunhar-lhe seu amor e honrar-lhe a Divindade e Humanidade Santas.

"E por que tal profusão?", exclamou o traidor Judas. "O preço desses perfumes, vendidos vantajosamente, teria sido distribuído entre os pobres!" Mas Jesus justificou sua serva. "O que esta mulher fez, fê-lo bem; e este fato será contado em seu louvor por toda parte onde for pregado o Evangelho."

Agora saibamos dar aplicação prática a este fato evangélico.

I

Nosso Senhor, no Santíssimo Sacramento, espera dos homens os mesmos tributos que lhe foram rendidos por aqueles que tiveram a ventura de privar com ele em sua

Vida mortal. Está ali a fim de receber de todos as homenagens pessoais à sua Santa Humanidade. Não fosse outra a razão de ser da Eucaristia, mui felizes nos deveríamos considerar de poder cumprir com nossos deveres de cristãos para com Nosso Senhor.

Em virtude dessa presença real o culto público tem um motivo, uma vida. Sem ela, como tributar à Santíssima Humanidade de Nosso Senhor os respeitos e as honras que lhe são devidos?

Enquanto Homem, está Ele somente no Céu e no Santíssimo Sacramento. Só pela Eucaristia — e sem esta Presença, o culto seria uma abstração —, podemos chegar-nos ao Salvador em Pessoa, vivo; podemos vê-lo, falar-lhe. Por Ele vamos diretamente a Deus, chegamo-nos a Ele, qual em sua Vida mortal. Que desgraça se, para honrar a Humanidade de Jesus, precisássemos olhar dezoito séculos atrás! Não haveria inconveniente para o espírito, mas como tributar a homenagem exterior a um passado tão remoto? Contentar-nos-íamos em agradecer, sem participar dos Mistérios.

Hoje, porém, posso adorar com os pastores; prostrar-me com os Reis Magos, sem ter a lastimar a minha ausência em Belém e no Calvário.

II

A presença de Jesus, além de ser a vida do culto exterior, proporciona-nos também um meio de dar esmolas a Nosso Senhor. Nisto somos mais felizes que os Santos, que recebem, mas não dão, e "mais vale dar que receber". Ora, nós damos a Jesus! Damos-lhe nosso dinheiro, nosso pão, nosso tempo, nossos suores, nosso sangue. Haverá maior consolação?

Do Céu Nosso Senhor só traz sua Bondade. Nada mais tendo, conta com seus fiéis para zelar pela sua existência terrestre. Fornecemos-lhe tudo: o templo, a substância do seu sacrifício, os vasos sagrados em que se fará Sacramento! Nosso Senhor não poderá sair do seu Tabernáculo se não houver estas luzes, este pequeno trono. Ofertando-os, podemos dizer: "Vosso trono é belo; fomos nós quem vo-lo ergueu; quem vos abriu a porta da prisão; quem rompeu, ó Sol de Amor, a nuvem que vos ocultava! Irradiai agora vossos raios em todos os corações".

E Jesus torna-se nosso devedor! Podendo pagar suas dívidas, não deixará de pagá-las. Oferece-se em garantia de seus membros pobres e sofredores. "Pagar-vos-ei centuplicado tudo quanto fizerdes ao menor dos meus irmãos." E se paga as dívidas alheias, com maior razão pagará as próprias. No dia do juízo, podemos dizer-lhe: "Visitamo-vos não somente nos vossos pobres, mas a vós mesmo, na vossa augusta Pessoa. Que nos dareis vós em troca?" Verdade incompreensível aos ouvidos mundanos. Dar aos pobres, isto sim, mas às igrejas, por quê? Tais profusões nos altares é dinheiro perdido...

Ah! a Igreja quer um culto vivo, porque possui vivo sobre a terra o seu Salvador. Que felicidade, portanto, poder acumular rendas eternas, presenteando desde já a Nosso Senhor. É pouco? Mas não é tudo. Dar a Jesus é um consolo, uma alegria — mais ainda —, uma necessidade.

III

É, de fato, para nós uma necessidade ver a Nosso Senhor, senti-lo ao nosso lado, e honrá-lo pelos nossos dons. Quisesse Ele somente as homenagens interiores, e não responderia a uma necessidade imperiosa do homem. Nós não saberíamos amar sem patentear nosso amor pelos testemunhos exteriores da amizade e da afeição.

Assim, a prova da fé dum povo está nos dons que faz às igrejas. Se a luminária arde sempre, se os paramentos estão tratados, se a ornamentação é decente e cuidada, é porque ali existe a fé. Ao contrário, numa igreja que mais parece uma cadeia, falta a fé. E quão miseráveis somos a este respeito na França! Se pedirdes para alguma obra de beneficência; para a ornamentação do altar dum Santo popular; um auxílio para alguma peregrinação piedosa, em busca de curas, sereis atendidos de bom grado. Se pedirdes, no entanto, para o Santíssimo Sacramento, ninguém vos compreenderá, e nada vos será dado!

Poderá o rei andar maltrapilho enquanto os servos estão bem-vestidos? Ah! não temos fé, fé ativa e amorosa, mas sim fé especulativa, negativa. Somos católicos de nome.

Nosso Senhor está aí e nós estamos sempre a pedir-lhe graças, saúde, boa morte etc., e não queremos honrar sua pobreza nem pelo mais insignificante dom. Calemo-nos então para não o insultar.

Se, diz São Tiago, um pobre vos pedir esmola e vós o despedirdes sem lhe dar nada, dizendo-lhe: "Vai em paz!", zombais dele e sois homicida.

Eis aí Nosso Senhor. Nada possui e tudo espera de vós. Acabais de adorá-lo, de reconhecê-lo qual Rei, de agradecer-lhe sua Presença no Santíssimo Sacramento e nada lhe dais para a honra do seu culto! Equivale a insultá-lo.

Quando o Padre se vê obrigado a vestir paramentos despedaçados, na falta de melhores, é culpa dos paroquianos e é um escândalo!

Todos, todos nós podemos dar alguma coisa a Nosso Senhor. Prova-nos a experiência que não são os grandes e os ricos que fazem as honras do culto eucarístico, mas sim a plebe, que é pobre.

Nosso Senhor não se comoveu ao ver as largas esmolas dos fariseus, mas louvou a pobre mulher que deu seu tostão — toda a sua fortuna. Admira-a, enternece-se seu Coração, e dando expansão aos seus sentimentos, diz aos Apóstolos: "Esta pobre viúva deu mais que todos os outros, porque deu do seu necessário".

Quem se priva de qualquer coisa para dar, seja duma vela, seja duma flor, dá mais do que aquele que, sem sacrifício, oferta grandes somas. Jesus não repara na quantidade dos dons, mas no coração que os sabe dar. Dai, dai, portanto, a Nosso Senhor! Consolai-o no seu abandono, socorrei-o na sua pobreza.

IV

Aprofundemos a matéria. Jesus então está aqui por Amor? Pois bem, quem crê na sua Presença, quem o ama, poderá negar-lhe sua dádiva? Mesmo independente da questão dos méritos e das graças que resultam dos vossos dons, já não é uma honra bastante grande poder dar a Nosso Senhor e honrá-lo enquanto Rei?

Nem todos, mas só alguns entes privilegiados podem prestar suas homenagens ao soberano do país. E quem ousaria, a não ser um íntimo da casa, oferecer a um superior um ramalhete de flores? Pois bem, Jesus é Rei na verdade, já que aos reis cria e, no entanto, desistindo das formalidades reais, permite-nos apresentar-lhe a todo momento os tributos que de nós espera.

Ah! que honra para nós. Saibamos dela nos aproveitar e lembremo-nos que pouco tempo nos resta para dar. Deus digna-se acolher os dons das vossas mãos. Seja-vos dado muitas vezes a consolação de poder dizer: "Ofereci a Nosso Senhor uma dádiva". Em troca Ele se dará a vós.

Amemos ao Santíssimo Sacramento

"Diliges Dominum Deum
tuum ex toto corde tuo..."

*"Amarás ao Senhor teu
Deus com todo o teu coração" (Dt 6,5).*

I

"Ao elevar-me da terra, atrairei tudo a mim." É primeiro, do alto da Cruz, que Nosso Senhor atraiu todas as almas a si, resgatando-as. Todavia, ao pronunciar estas palavras, tinha Ele indubitavelmente em vista seu Trono Eucarístico, a cujos pés quer atrair todas as almas a fim de prendê-las pelas cadeias do seu Amor.

É desejo seu incutir-nos um amor apaixonado por sua sagrada Pessoa. Toda virtude, todo pensamento que não termina na paixão, que não acaba por se tornar paixão, jamais produzirá algo de grande. A afeição da criança não é amor; amando instintivamente e por se sentir querida, ama-se a si mesmo naqueles que lhe fazem bem. O servo pode dedicar-se; mas só amará em verdade se, alheio a todo interesse pessoal, a amizade que tem aos amos for a razão de ser dessa mesma dedicação.

O amor só triunfa quando chega a se tornar uma paixão da vida. De outra forma, produzirá atos isolados de amor, mais ou menos freqüentes, mas esse amor não chegará a ser o âmago da vida, a se dar.

Ora, enquanto nosso amor por Nosso Senhor no Santíssimo Sacramento não for um amor apaixonado, nada teremos dado. Ele certamente ama-nos aí apaixonadamente e, alheio a si mesmo, dedica-se a nós todo inteiro. Urge retribuir-lhe o mesmo amor.

II

Este, para chegar a ser uma paixão, deve obedecer às leis humanas. Refiro-me às paixões honestas e boas. Em si todas são indiferentes, porém, dirigidas para o mal, tornam-se más. A nós cumpre encaminhá-las para o bem. Ora, a paixão, ao dominar a criatura, concentra-a. Tal homem, ambicionando alcançar uma posição honrosa e elevada, durante dez, vinte anos — pouco importa — só a isso visará. "Hei de consegui-la", e, todo entregue a essa idéia, a esse desejo empregará todos os meios para atingi-la, desprezando a tudo o mais.

Outro, querendo fazer fortuna, terá em vista determinada quantia. "Hei de ser rico." E indiferente a tudo o mais, labuta, sem tomar em consideração o trabalho, pois de tudo se serve para chegar ao fim. Urge, dirá outro, conseguir uma aliança brilhante: Então qual Jacó, sete anos de serviços pouco lhe parecem e, se preciso for, servirá outros sete. "Hei de obter Raquel." E todos os seus esforços, diz a Escritura, lhe pareciam pouca coisa em face do seu grande amor.

Nada se alcança friamente, e, sem paixão, a vida não tem alvo; é um peso que se arrasta inutilmente. Mas essas paixões, embora muitas vezes dignas, serão infelizmente outras mais vezes indignas e más, até constituírem um crime contínuo.

São esses os meios empregados pelo mundo.

III

Pois bem, em se tratando da salvação, urge igualmente ter uma paixão que, dominando a vida, a faça produzir, pela glória de Deus, todos os frutos que espera e a que tem direito.

Amai ardentemente tal virtude, tal verdade, tal mistério. Dedicai-lhes a vida, consagrai-lhes pensamentos e trabalhos. De outro modo jamais alcançareis coisa alguma; sereis um simples trabalhador, nunca um herói!

Amai ardentemente a Eucaristia. Amai a Nosso Senhor no Santíssimo Sacramento com toda a veemência do amor mundano, sobrenaturalizado. A fim de conseguir este amor, colocai vosso espírito sob a influência dessa mesma paixão. Nutri em vós o espírito de fé convencidos fortemente da verdade da Eucaristia, da verdade do Amor que Nosso Senhor nela vos testemunha.

Munidos duma idéia grandiosa, contemplando enlevados o Amor e a Presença de Nosso Senhor, proporcionareis ao vosso amor um foco que, alimentando a chama, a conservará sempre viva.

O homem genial, ao conceber uma obra-prima, radiante, abrange-a pelo olhar da alma. Para realizá-la, empregará todos os meios possíveis, fará todos os sacrifícios, nada o cansará, nada o desanimará. Dominado pela sua obra, fitando-a com os olhos a todo momento, não pode dela afastar a imaginação.

Pois bem, que o pensamento da presença de Nosso Senhor no Santíssimo Sacramento e do seu Amor vos empolgue e vos encante. "Será possível que Nosso Senhor me ame ao ponto de se dar sempre, sem jamais se fatigar?" Com o espírito fixo em Nosso Senhor, os pensamentos procurando-o, estudando-o, aprofundareis as razões de seu Amor e admirados, enlevados, vosso coração soltará um grito: "Como corresponder a tanto Amor?" É o amor do coração que começa a se formar. Só se ama bem ao que se conhece bem.

E o coração, impaciente, sem poder esperar, lança-se ao encontro do Santíssimo Sacramento e, se lhe fosse possível, partindo seu invólucro carnal, se uniria mais intimamente a Nosso Senhor. "Jesus Cristo me ama. Ame-me em seu Sacramento." Reparai os Santos e vede como o amor os transporta, os faz sofrer, os abrasa. É um fogo que os consome incessantemente.

IV

Mas se a todos não for dado atingir tal ponto, a todos, pelo menos, é dado amar apaixonadamente a Nosso Senhor, até deixar-se dominar pelo seu Amor. Sois, porventura, indiferente a todo amor humano?

Enquanto esposa, enquanto mãe, não tendes um amor apaixonado pelo esposo, pelos filhos? Enquanto filho, tendes outro afeto que o dos pais? Pois bem, fazei com que este amor volte a Nosso Senhor, que não nos deu dois corações, um para Ele e outro para as afeições terrenas. Há um só amor, e não pode haver dois.

Mães, amai, portanto, ao Santíssimo Sacramento com vosso coração de mãe: amai-o qual um filho; esposas:

amai-o qual um esposo; filhos, qual um pai. A potência de amar em nós é uma só, tendendo sempre, por motivos diversos, a fins diversos.

Há quem, amando loucamente aos pais, aos amigos, não sabe amar a Deus! Aí, o que se faz pela criatura, é o que se deveria fazer por Deus, somente é mister amá-lo a Ele sem medida e cada vez mais.

V

A alma amante terá então uma só potência, uma só vida: Nosso Senhor no Santíssimo sacramento. *Ele aí está!*... E esta idéia domina-a inteiramente. *Ele aí está!*... Então há correspondência no amor, há sociedade de vida.

Ah! por que não alcançaremos nós esse cume? Volvemos de preferência o pensamento a dezoito séculos atrás para procurar na Vida mortal de Nosso Senhor exemplos de virtude! Mas Ele poderia protestar: "Vós me amastes no Calvário, porque lá apaguei vossos pecados; amaste-me no Presépio pela minha doçura e amabilidade. Por que não me amais no Santíssimo Sacramento, onde estou sempre convosco? Era só aproximar-vos, pois Eu estava aí, ao vosso lado!

Ah! no juízo não nos atemorizarão tanto os nossos pecados, que, uma vez perdoados, talvez não nos sejam mais imputados, mas Nosso Senhor nos mostrará todo o seu Amor. "Amastes-me menos que às criaturas! Não pusestes em mim toda vossa felicidade! Amastes-me bastante para não me ofender mortalmente, mas não bastante para viver de mim!"

Balbuciaremos: "Somos obrigados a tanto amor?" Bem sei que este preceito de amor não é um preceito escrito. Não o precisa ser. Mas se nada o diz, tudo o proclama. A lei existe em nosso coração.

Ah! — e isso assusta — os cristãos pensarão de bom grado e seriamente em todos os Mistérios, dedicar-se-ão ao culto de algum Santo, mas nada darão a Nosso Senhor no Santíssimo Sacramento.

E por quê? Por ser-nos impossível fixar atentamente o Santíssimo Sacramento, sem exclamar: "Preciso amá-lo, visitá-lo, não o posso deixar só; Ele me ama por demais". Quanto ao resto, é história antiga, que não toca o coração do mesmo modo. Causará, de preferência, admiração. Aqui, porém, é preciso dar-se, permanecer, viver em Nosso Senhor.

A Eucaristia é a mais nobre aspiração do nosso coração: amemo-la, pois, apaixonadamente. Dir-se-á que tudo isso é exagero. Mas será o amor outra coisa que exagero? Exagerar é ultrapassar a lei: pois bem, o amor tem de exagerar!

E aquele que nos testemunha Nosso Senhor permanecendo conosco sem honras, sem servos, não será também um Amor exagerado? Quem se limita ao estrito necessário, não ama. Só ama quem sente em si a paixão do amor.

E tereis a paixão da Eucaristia quando Nosso Senhor, no Santíssimo Sacramento, for todo o vosso pensamento; quando vossa felicidade consistir em chegar-vos aos seus pés. Quando todo o vosso desejo for agradar-lhe.

Coragem! Penetremos em Nosso Senhor. Amemo-lo um pouco por si mesmo. Saibamos esquecer-nos, dar-nos a Ele, tão bom Salvador. Imolemo-nos um pouco. Vede esses círios, essa lâmpada que se consomem lentamente sem deixar vestígio, sem nada se reservar.

Por que não nos oferecer a Nosso Senhor em holocausto que se consumirá cabalmente? Ah! não vivamos mais! Que Jesus-Hóstia, que tanto nos ama, viva exclusivamente em nós!

A Eucaristia, nossa via

"Ego sum via, veritas et vita."

"Eu sou o caminho, a verdade e a Vida" (Jo 14,6).

I

Nosso Senhor proferiu estas palavras quando ainda no mundo, mas elas têm um alcance maior que a Vida humana do Salvador. São palavras que não passam, e no Santíssimo Sacramento Ele as poderá sempre afirmar com a mesma segurança. Há caminhos fictícios, atalhos na vida espiritual, estradas que podemos seguir durante algum tempo para largá-las em seguida. Nosso Senhor, no Santíssimo Sacramento, é a via estável. É o meio, é o modelo, porque de pouco interesse nos seria conhecer o caminho, se Ele não nos ensinasse, com seu exemplo a segui-lo.

Só se chega ao Céu pela participação à Vida de Nosso Senhor, Vida essa que nos foi transmitida em germem no Batismo. Os sacramentos fortificam-na, mas ela consiste essencialmente na prática e na imitação das virtudes do Salvador. É-nos necessário ver Nosso Senhor obrando, a fim de imitar-lhe as virtudes; segui-lo minuciosamente nos sacrifícios e nos trabalhos que estas exigem para poder reinar em nós. Suas virtudes são suas palavras aplicadas, são seu preceito posto em ação. Para alcançar a perfeição, é mister pormenorizá-las, pois só será perfeito o que for particularizado. *"Non es perfectum nisi particulare."*

O Verbo eterno, querendo levar-nos ao Pai, e não podendo no Céu praticar as virtudes humanas — todas implicam uma idéia de combate e de sacrifício —, fez-se Homem. Empregou nossos instrumentos e trabalhou sob nossos olhares. E já que no Céu, para onde ascendeu glorioso, não pode mais praticar as virtudes de paciência, de pobreza, de humildade, querendo continuar a ser nosso modelo, fez-se Sacramento. Tais virtudes, não procedendo mais da liberdade, não podem constituir para Ele atos meritórios. Mas delas se revestiu, assumindo-lhes o estado.

Outrora praticava os atos dessas mesmas virtudes; hoje toma-lhes exteriormente o estado. Na terra foi humilde e humilhado; hoje reina glorioso, mas no Santíssimo Sacramento, assume um estado, uma aparência de humildade. Une-se inseparavelmente ao estado das virtudes. Ao contemplá-lo, vemos suas virtudes e sabemos como lhes devemos praticar os atos. Despido dessa humilhação, cessará todo estado sacramental. Sem pobreza, mas com magnífico cortejo, sua Majestade nos havia de aniquilar e não haveria mais Amor, pois este só se manifesta ao abaixar-se.

Ainda mais que, no Calvário, exerce Ele aqui a paciência, o perdão das injúrias. Ali era desconhecido dos carrascos, aqui é conhecido e ultrajado. Ao ser banido das cidades deicidas, ora sobre elas. Sem este grito de perdão, não haveria mais Sacramento de Amor, porém a Justiça, envolvendo seu trono insultado, o protegeria. Não pratica mais o ato de virtude, mas reveste-lhe o estado. A nós cabe fazer os atos e assim completá-lo.

Ele constitui então conosco uma mesma pessoa moral. Somos seus membros ativos, o corpo de que é a Cabeça e o Coração, até Ele poder dizer: "Vivo ainda". Completemo-lo, perpetuemo-lo. Aí, no Sacramento, Jesus oferece-nos, portanto, o modelo de todas as virtudes, e estudaremos algumas em particular.

Ah! nada é tão belo quanto a Eucaristia. Mas só lhe compreendem a beleza as almas piedosas que comungam, que refletem. As outras nada entendem. Mui poucas pessoas pensam nas virtudes, na Vida, no estado de Nosso Senhor no Santíssimo Sacramento. Quantos o tratam qual estátua, acreditando que Ele está aí, unicamente, para nos perdoar e receber as nossas preces. Que ilusão! Nosso Senhor vive e opera. Fitemos nele o olhar, estudemo-lo, imitemo-lo. De outro modo teremos de voltar os pensamentos há dezoito séculos, ler o Evangelho e completá-lo nas minúcias familiares, mas ficaremos privados da doçura destas palavras sempre atuais e presentes: "Eu sou hoje vossa via, vosso caminho!" A verdade, é certo, não diminui, e o Evangelho é um livro sempre vivo. Mas quão difícil é olhar sempre para trás, o que, aliás, não passa duma representação longa e tediosa. É mais especulativo, menos substancial para as virtudes. Essas só pela Eucaristia se adquirem e alimentam facilmente em nós.

Lembremo-nos, pois, que Nosso Senhor não é no Santíssimo Sacramento apenas o dispensador das graças; é também e sobretudo nossa via e nosso modelo. A educação se faz com a presença da mãe pela correspondência secreta que existe entre o seu coração e o do filho. E enquanto os estranhos nada conseguem, a voz materna faz vibrar o coração infantil. Só viveremos da Vida de Nosso Senhor se vivermos sob sua inspiração, se Ele mesmo nos educar.

É fácil indicar-vos as virtudes, mas só Nosso Senhor poderá vo-las dar, fazendo vossa educação íntima. Moisés e Josué, conduzidos pela coluna de fogo, conduziam por sua vez o povo. Assim também o diretor espiritual se limita a repetir-vos as ordens de Nosso Senhor, a quem consulta, procurando-o em vós, bem como a graça e a atração que é particular à vossa alma. Para melhor conhecer-vos, procurará conhecer a Nosso Senhor em vós e vos conduzirá pela graça dominante, desenvolvendo-a e aplicando-a à vossa vida, guiado sempre pelo soberano Diretor de todas as almas, cujas ordens lhe compete apenas repetir. Pois bem. Nosso Senhor está no Santíssimo Sacramento para todos e não somente para os diretores espirituais. Todos podem consultá-lo. Vendo-o praticar as virtudes, sabereis o que vos cabe fazer. Ao lerdes o Evangelho, levai-o à Eucaristia e da Eucaristia a vós. Vosso poder se ampliará então, e o Evangelho brilhará com outro fulgor, enquanto tereis sob os olhos, realmente a continuação do que ledes. Pois Nosso Senhor, sobre ser o nosso modelo, é a luz que no-lo patenteia, manifestando-nos suas belezas.

Nosso Senhor, no Santíssimo Sacramento, é sua própria luz, seu próprio conhecimento, qual o sol que, mostrando-se e dando-se a conhecer, dispensa outras provas de sua existência. Precisará, por acaso, o filho raciocinar para conhecer seus pais? Nosso Senhor se manifesta pela sua presença, pela sua realidade. Mas, à medida que sua voz se torna mais familiar, e o coração mais vazio e simpático, Ele se manifesta de um modo mais luminoso e mais íntimo que só aos que amam é dado conhecer.

Ele transmite, então, à alma uma convicção divina que eclipsa toda luz natural. Vede Madalena, que reconhece Jesus ao ouvir-lhe uma só palavra. Aqui também Ele só pronuncia uma palavra, mas uma palavra que ecoa em nosso coração: "Sou eu!..." E o sentimos, o vemos com maior força que se o víssemos com os próprios olhos. Desta manifestação eucarística devem partir todos os atos da vida, e da Eucaristia, todas as virtudes. Ao praticar a humildade, vede como Jesus a pratica no Santíssimo Sacramento. Munidos desse conhecimento, dessa luz, dirigi-vos ao Presépio, ou ao Calvário, e ireis com maior facilidade, porque pertence à natureza da inteligência humana ir do conhecido ao desconhecido. No Santíssimo Sacramento tendes sob os olhos a humildade de Nosso Senhor. Ser-vos-á bem mais fácil imaginar, por aí, seu nascimento, ou qualquer outro episódio de sua Vida. Procedei igualmente para com as outras virtudes, e ser-vos-á mais fácil compreender o Evangelho. Nosso Senhor fala pelo seu estado e melhor que ninguém poderá explicar e fazer compreender suas palavras e seus mistérios. Comunica-nos ainda sua unção, para que gozemos delas ao entendê-las. Não é mais a procura da mina, que, já encontrada, passa a ser explorada.

É, portanto, só a Eucaristia que nos faz sentir toda a força atual das palavras do Salvador: "Eu sou o caminho". *"Ego sum via."* Seja, portanto, nosso estudo espiritual a contemplação da Eucaristia, procurando nela como proceder em qualquer circunstância da vida cristã. Nisso consiste e se entretém a vida de união a Jesus-Hóstia. É por aí que nós nos tornamos *eucarísticos* em nossa vida. É por aí que nós nos santificamos segundo a graça da Eucaristia.

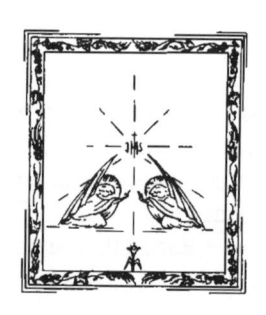

O aniquilamento, característico da santidade Eucarística

"Exinanivit semetipsum."   "Ele se aniquilou a si mesmo" (Fl 2,7).

Vejamos como Nosso Senhor, nosso modelo na Eucaristia, nos ensina as virtudes que formam os Santos. Examinemos qual o seu estado, pois a norma de sua Vida será a norma das nossas virtudes. Estudando-o, tal qual é, saberemos o que exige de nós, pois o exterior indica o interior. As palavras, as maneiras revelam a alma. Ao ver-se Nosso Senhor, pobre, com pobres conversando, sabia-se que vinha nos salvar pela pobreza. Ao morrer por nós, mostrou-nos o que nos cabia fazer para subirmos ao Céu. Ora, o aniquilamento é o característico dominante e marcante do estado de Nosso Senhor no Santíssimo Sacramento. E este estado nos levará a compreender-lhe as ocupações e virtudes que receberão, cada qual em sua espécie, essa norma, esse cunho de aniquilamento e de humildade.

Estudando tal aniquilamento, sabereis o que deveis fazer para assemelhar-vos ao vosso modelo e permanecer na graça da santidade eucarística. Lembrai-vos de que, sendo o caráter dominante de Jesu-Hóstia, deve, se quiserdes permanecer na graça da Eucaristia, ser também o vosso.

I

Ora, Nosso Senhor é a Hóstia Santa. Veste o estado das Santas Espécies, substitui-lhes a substância, subordina seu estado à maneira de ser delas que se tornam a forma de sua vida e constituem a lei de sua duração. E, qual súdito, fica-lhes sujeito e delas depende. Não tocam, é verdade, à sua Vida Divina e, ao deixarem de existir, nada sofrerá em seu glorioso Corpo. No entanto, nesse caso, logo se retira. Unido às espécies, sujeito às suas leis de movimento e de humilhação, sujeita-se igualmente ao mesmo tratamento. Ao vê-las, vê-se tanto o estado como a aparência exterior de Nosso Senhor.

Ora, essas espécies são pobres e tão pobres, que não possuem mais um ser próprio, pois a Consagração destruiu a substância à qual a natureza as ligara. Não têm mais a propriedade natural de sua existência, pois só existem por milagre. Assim também Nosso Senhor nada possui no Santíssimo Sacramento e nada traz do Céu, a não ser sua Pessoa. Não possui uma pedra, uma igreja. É tão pobre quanto pobres são as Santas Espécies, mais pobre que em Belém. Ali ele era Senhor de si, tinha um Corpo que se movia, falava, crescia, apto para aceitar e receber algo dos amigos. Aqui nada tem. Em torno dele dão-se esmolas. Nada disso altera seu estado pessoal. Seja de ouro o altar, brilhem nele mil luzes, Jesus continua sob as Santas Espécies, igualmente pobre e obscuro. Ele morreu civilmente, impotente agora a receber. É um defunto! E cabe ao religioso, que faz voto de pobreza, a honra de assemelhar-se a Ele. Ele está como que preso, ligado por uma mortalha que constitui toda a sua vestimenta — sempre o mesmo — e que não chega a ser uma substância, nem um ser natural. É tão frágil que, se cessasse o milagre, seria destruído e não poderia subsistir um instante sequer. Eis o grande Pobre. E para fazer voto de pobreza, é preciso considerá-lo atentamente. Estudai sua pobreza, que é a pobreza da Hóstia, e sabereis então até onde deve ir o espírito de desapego e de pobreza.

Demais, essas espécies são mui humildes. São brancas, e o branco não é cor; fixá-lo longa e demoradamente é tedioso. Assim Nosso Senhor não possui nenhuma beleza aparente no Santíssimo Sacramento, nenhuma beleza humana, Ele que em Vida foi belo — o mais belo dos filhos dos homens. A nuvem que o envolve nada deixa perceber. A última criatura está acima dele, pois é alguém, e Nosso Senhor quis tornar-se alguma coisa, assumindo a lei das espécies, que permanecem imóveis e inertes. Então Ele, o Verbo, a Vida do mundo, o supremo móvel de todos os seres, a Vida de todas as vidas, condena-se a permanecer sem movimento, sem ação. Torna-se prisioneiro. Reduz-se ao ponto de ficar todo inteiro no menor fragmento da Hóstia. Tem em si Vida e movimento, mas deles não se utiliza, por se ter submetido à condição das espécies inanimadas. Não se defenderá ao ser insultado e escarnecido e, se pudesse ainda sofrer, havia de sofrer mais na Hóstia do que em Vida.

Não disse Ele pela boca do Profeta: "Não sou mais um homem, porém um verme?" Isto é, o último dos seres classificado logo acima dos vegetais, que nada tem sobre a epiderme, ao contrário dos outros animais, até a lagarta, que tem pele. Na Cruz assemelha-se ainda ao verme quando exposto nu ao desprezo dos carrascos — o que aliás pouco durou. No Sacramento não se torna verme, mas se expõe a ser cercado deles. Quantas Hóstias Santas não se perdem, por acidente ou incúria! Deterioradas ou apodrecidas, os vermes invadem-nas, afastando a Nosso Senhor, a quem substituem, pois Ele só permanece nas espécies enquanto estiverem intactas. E do momento em que a Hóstia começa a se decompor, já meio destruída, Jesus Cristo se refugia no pedaço ainda bom e trava-se luta entre Ele e os vermes! Adotou Ele todas as misérias das Santas espécies no que diz respeito ao exterior. *"Putredini dixi: Pater meus es. Mater mea et soror mea, vermibus"* (Jó, 17,14).

Finalmente, as espécies não têm vontade. São tomadas, levadas para onde bem se quer. Seja quem for que dê uma ordem. Jesus não oferece resistência, não recua. Deixar-se levar pelas mãos dum celerado, é uma das condições do estado que escolheu. Não se defende. A sociedade vinga a agressão pela punição do agressor. Nosso Senhor permite tudo... Por quê?... Até onde?...

É possível?... Até este ponto?

Aniquilou-se no Calvário tanto em relação à bem-aventurança e à glória de sua Divindade como em relação ao restante dos homens, é verdade. Mas é aqui que de fato se aniquila. O último degrau da criação consiste em não possuir substância própria, em constituir apenas um acidente, uma qualidade. Ora, Jesus Cristo, por não poder perder a substância que lhe é própria, veste o estado exterior, as condições de simples acidentes naturais a fim de nos poder dizer: "Vede e fazei como Eu fiz". Ah! jamais conseguiremos imitá-lo, descer tão baixo quanto Ele. Na eternidade passaremos pelos remorsos de ter pensado tão poucas vezes nos rebaixamentos de Jesus Cristo no Santíssimo Sacramento...

II

Seu aniquilamento eclipsa tudo quanto tem de glorioso. Deixasse transparecer sua Glória, e não nos poderia mais oferecer um modelo de aniquilamento; então havíamos nós também de procurar, nas virtudes, a glória e a majestade. Já vistes, por acaso, o esplendor de Jesus no Santíssimo Sacramento? Ah! é o sol encoberto. Às vezes — raramente — nele opera milagres, mas estes servem tão-somente para lembrar-nos e fazer sobressair seu rebaixamento habitual, facilitando-nos compreendê-lo melhor. É desejo seu continuar eclipsado, pois é maior quando nada faz de extraordinário. Então é seu Amor que lhe ata as Mãos. Patenteando-nos sua Glória, amedrontar-nos-ia e não nos poderia mais dizer: *"Discite a me."* "Olhai para mim, que sou manso e humilde de Coração."

E mais, muito mais, que em sua Vida mortal, oculta sua Divindade. Então, percebia-se sempre algo de divino no seu Semblante, no seu porte. Não lhe velaram os Pretorianos os Olhos — eram tão belos! — para humilhá-lo? Aqui nada, absolutamente nada. A imaginação esforça-se por vezes para reproduzir-lhe os traços na Hóstia Santa, mas sempre em vão. Ah! se pelo menos nos fosse dado vê-lo um dia no ano, na vida! Mas Ele assim não quer e por isso uma impenetrável nuvem eclipsa-lhe a Glória.

Jesus Cristo pratica esse aniquilamento em seu estado de Glória, de modo positivo, e não somente negativo. Humilha-se negativamente o pecador que, indigno das graças divinas, confessa sua miséria e seu nada. Fácil lhe é reconhecer que, só produzindo frutos de morte, nada tem de bom. Mas a humildade positiva pratica-se no bem, no louvor merecido, na glória que se oferece a Deus, em se privando voluntariamente dela como preito de homenagem. É esta a lição de Jesus Cristo no seu aniquilamento eucarístico.

Humilhai-vos em vossas virtudes. Ah! quão grande é o cristão! É o amigo, o herdeiro de Jesus Cristo, de cuja natureza participa, cuja graça o torna o templo e o instrumento do Espírito Santo. Quão grande é o Sacerdote! É o ministro dos mais altos Mistérios a quem Deus obedece, que santifica e salva as almas, dirigindo-se ao Senhor! E se o cristão e o sacerdote considerassem sua dignidade sublime, quanta razão teriam em se elevar, quais anjos no Céu, qual Lúcifer na glória!

Corríamos grande risco de nos perder pelo orgulho se Nosso Senhor se contentasse tão-somente em nos engrandecer. Mas Jesus Cristo aniquilou sua Glória, sua Grandeza, e está a nos clamar: "Vede até que ponto me humilhei. Indubitavelmente maior que vós, vede a que reduzo minha grandeza e o que me tornei". Não estivesse Nosso Senhor ali, rebaixando sua glória, nós não vos poderíamos dizer: "Sede humildes". Porque poderíeis responder-nos: "Somos príncipes da graça". É verdade, mas fitai os olhos no vosso Rei. Movidos por este pensamento, bispos e Papa se prostram ante o Senhor. Vê-los aniquilados na Presença Divina leva-nos a confessar que, na verdade, só Deus é grande.

Mas o que se daria sem a Eucaristia? Procurai a humildade nas outras religiões. Sem a Eucaristia não haverá humildade. E os católicos que não vivem dela coroam-se com suas boas obras. Nada valem os elogios cristãos quando bem merecidos; fácil, porém, é passar por Santo a quem multiplica as boas obras.

E donde provém nosso orgulho todo espiritual, que se eleva em virtude das graças recebidas, dos dons divinos, do círculo de amigos virtuosos e santos, da influência benéfica sobre as almas, a não ser do esquecimento da Eucaristia? Por acaso ao comungardes sentis tal orgulho? Tendo a Jesus em vós, ouvindo-o perguntar-vos: "Será que vós vos elevais das dignidades e das graças que vos dei, do Amor privilegiado que vos tenho, enquanto Eu me aniquilo? Ah! segui pelo menos o meu exemplo".

Meditai em Nosso Senhor aniquilado no Sacramento. É esta a régia estrada da humildade. Então compreendereis que, dando-nos neste aniquilamento a prova máxima de seu Amor, espera de vós prova igual, e que deveis descer até Nosso Senhor, que se colocou ao lado do último ser da criação! A verdadeira humildade dá do que é seu e devolve a Deus toda honra e dignidade recebidas. É crença comum que só nos podemos humilhar nos nossos pecados e misérias, e não no bem, na grandeza natural. Mera ilusão. Devolver a Deus todo bem é a mais perfeita humildade, a humildade da homenagem. Nosso Senhor no-la ensina. E quanto mais nos chegamos a Ele, tanto mais, a seu exemplo, nos humilhamos. Vede a Santíssima Virgem. Sem pecado, sem defeito, sem imperfeição, ou antes, toda bela, toda perfeita, toda resplandecente pela graça imaculada, bem como pela sua cooperação incessante, humilha-se todavia, mais que qualquer criatura.

A humildade consiste em reconhecer que, sem Deus, não se é nada; em devolver-lhe tudo o que se é. E, quanto maior a perfeição, maior a humildade, porque mais se tem para dar a Deus. À medida que nos elevamos na graça, descemos na humildade. Aquela serve de degraus para esta. A Eucaristia ensina-nos, portanto, a render a Deus toda glória e toda grandeza, e não somente a nos humilhar por causa das nossas misérias.

E que lição constante! Toda alma eucarística deve tornar-se humilde. A vizinhança, a vida habitual com Jesus-Hóstia devem nos levar a não pensar, nem proceder senão guiados pelo impulso dessa Divindade aniquilada. E quem quisesse alimentar o orgulho em presença da Eucaristia, seria um demônio!... Mas basta um simples olhar para sentir a necessidade de se humilhar. Assim é que a Igreja prostra-se, humilde e aniquilada, em presença do Santíssimo Sacramento. Eis a humildade de estado. Vejamos agora a humildade das obras.

III

Nosso Senhor, no Santíssimo Sacramento, opera e trabalha. É mediador, salvador das almas. Ao aplicar-nos sua redenção, santifica-nos. Sua ação se estende a todas as criaturas. É o Verbo, que numa palavra tudo criou e numa palavra tudo conserva. Ele continua a pronunciar o *fiat* que mantém a vida em toda a criação. Não somente aí está enquanto criador, mas também enquanto reformador, restaurador e rei da terra. O Pai, tendo-lhe entregue todas as nações para governar, só por seu intermédio opera sobre o mundo. É Ele quem governa o universo. A palavra que dispõe de tudo parte do Santíssimo Sacramento. Em suas mãos está a vida de todos os seres. É Ele Juiz dos vivos e dos mortos.

Ora, os soberanos revestem de aparato real todas as suas palavras, todas as suas ações, o que se torna indispensável, pois o homem só se deixa levar pelo amor ou pelo medo. Mas em se tratando de Nosso Senhor, onde está o aparato desse Rei a quem todo poder foi dado no Céu e na terra? Onde está a glória, o fulgor de suas palavras e de seus atos? Milhões de Anjos vão e vêm do Tabernáculo, a cumprir, a todo o momento, as suas ordens. Aí tem seu centro, seu quartel-general, porquanto aí está o general dos exércitos celestiais.

É-vos dado ver ou compreender algo de tudo isso? Todas as criaturas lhe obedecem e nós nada percebemos. Eis como, aniquilado, sabe ocultar as suas ações, como ordenar. E os homens que mandam nos outros julgam ter algum valor! E falam alta e energicamente, pensando assim impor suas ordens com maior eficácia. Aí está uma lição para os superiores, os chefes de família; todos devem ser humildes no comando, a fim de imitar a Nosso Senhor no Santíssimo Sacramento.

E notai ainda a humildade de Nosso Senhor. Não manda visivelmente aos homens, pois se se desse a conhecer, ninguém obedeceria senão a Ele; então se eclipsa, deixando-nos obedecer aos nossos semelhantes que refletem um quê de sua Santidade. União admirável de poder e de humildade.

Demais, Nosso Senhor oculta-lhes a Santidade das suas obras. Esta tem duas partes: uma na vida interior da alma com Deus — parte principal em que está toda perfeição e vida. Consiste na contemplação e na imolação interior da alma, e muitas vezes basta, por ser tudo. A outra é a vida exterior.

A contemplação compõe-se das relações da alma com Deus, os Anjos e o mundo espiritual. É a vida de oração, que constitui o valor de toda santidade, a raiz da Caridade e do Amor.

Ora, é mister ocultar tal vida. É preciso que só Deus lhe conheça o segredo, porquanto o homem poderia insinuar-lhe o orgulho. Deus a reservou para si e a quer dirigir por si. O Santo não o saberia fazer. São as relações nupciais da alma com Deus que se passam na intimidade do oratório, a portas fechadas. *"Intra in cubiculum et clauso ostio, ora Patrem in abscondito."* Custoso é fazer oração em segredo. Procuramos sempre as obras, pensamos no que faremos ou diremos em dadas circunstâncias. É porque não possuímos a chave da oração. Não sabemos calar-nos. Vede Nosso Senhor em oração. É o suplicante-mor da Igreja que mais obtém pela impetração que todas as criaturas reunidas. Mas Ele ora aniquilado. Quem lhe vê a oração ou lhe ouve as súplicas? Os Apóstolos viram-no rezar; ouviram seus gemidos no Jardim das Oliveiras. Mas aqui nada vemos! Sua oração é a oração aniquilada. A esponja, ao ser espremida, derrama um líquido. Para conseguir grande força de expansão, é preciso haver muita compressão. Pois bem, Nosso Senhor se aniquila, se reduz a nada, se oprime para que seu Amor jorre impetuoso com força infinita até o Pai.

A alma contemplativa aí tem seu modelo. Quer ela também permanecer sozinha e não se dar a conhecer. Recolhe-se, concentra-se. Quantas almas, desprezadas do mundo, são no entanto todo-poderosas, porque sua oração assemelha-se à de Jesus humilde e aniquilado. Mas para nutri-la oculta e concentrada, necessitam da Eucaristia. Entregue a si mesmas, tornar-se-iam loucas, não saberiam como proceder. Só Jesus, pela sua doçura, pode temperar a força desta oração.

A vida interior consiste ainda na imolação. Para que a alma se conserve livre e tranqüila no coração, precisam os sentidos, o corpo e as faculdades permanecer em silêncio: e, por isso, em toda alma desejosa de trabalhar interiormente, trava-se intensa e incomparável luta.

Serve-nos ainda aqui de modelo a Vida aniquilada de Nosso Senhor. Quem se imola mais que Ele? "Porém Ele não sofre mais", alegar-se-á. Não é necessário sofrer de fato. O necessário é colocar-se no estado e na vontade de sacrifício para, na verdade, se imolar. É preconceito pensar que o mérito do sacrifício está na dor exterior e atual. Muitos afirmam não ter mérito algum, porque nada lhes custa fazer. "Fazendo tudo com facilidade, nada faço por Deus." Ilusão que nos leva a abandonar o caminho da santidade, e isto porque a piedade gosta de ver o que faz, de sentir que trabalha, que dá! Mas dizei-me: Desprezais então o primeiro sacrifício feito ao iniciar a prática de tal virtude? Foi com certeza um esforço. Ao repetir-se o ato, desaparecerá o valor? Não servirá antes para provar a firmeza da vontade?

O sacrifício está na vontade. E, embora a dor se torne menos viva, pelo hábito, este fortifica a vontade, que permanece constante. A agonia, a morte a si, está no primeiro passo, no primeiro dom. Em seguida sobrevém a paz. Mas o mérito dura e aumenta com o repetir e o continuar do sacrifício. O amor filial faz suportar simplesmente, sem dificuldade, sacrifícios heróicos, e o Amor de Deus dá aos Santos a alegria no sofrer. Terão por acaso os sacrifícios e os padecimentos menor valor pelo gozo que os acompanha e os torna menos sensíveis?

Pois bem, Nosso Senhor, embora não sofra no Sacramento, impôs-se voluntariamente o estado de imolação. Todo o mérito foi alcançado no primeiro momento quando ciente do que o esperava por parte dos homens, nada recusou e instituiu o Sacramento, revestindo-lhe o estado de vítima. Esse mérito continua inesgotável. A Vontade de Nosso Senhor abrangia todos os tempos e todos os lugares e livremente Ele a tudo aceitou. E para atestar sua Vontade vivaz de se imolar, ordenou à sua Igreja que representasse sua imolação na Santa Missa, pela separação das espécies do Pão e do Vinho e pela divisão da Hóstia em três partes. Ao entrar no corpo do comungante, perde na Comunhão seu estado sacramental. Compreendeis tal e tão contínua imolação?

Não conhecemos o segredo do Mistério — Mistério que só Deus conhece — que na Eucaristia alia a Vida à imolação, a Glória à humilhação. Mais uma incitação divina à alma interior para manifestar seus sofrimentos íntimos tão-somente a Deus. Ah! não percebam os homens nossos padecimentos. Apiedar-se-iam de nós, louvar-nos-iam, grande mal para nós. Olhai para o Santíssimo Sacramento e aí vereis vosso modelo. Quão poucos são aqueles que, rezando e comungando, conhecem ou sequer suspeitam a Vida aniquilada de Nosso Senhor!

Quanto aos atos exteriores do cristão, Nosso Senhor ensina-nos também a ocultá-los, a não receber louvores, mesmo merecidos. A fim de imitá-lo, devemos mostrar somente a parte fraca das boas obras; então a parte do Céu seria mais brilhante! Assim devemos proceder sempre que houver liberdade quanto à forma exterior dos atos, pois quando se trata das obras feitas publicamente, estas devem visar à edificação do próximo. Saibamos ocultar as boas obras pessoais. Quem pode ver as virtudes de Nosso Senhor?

Para rematar, lembrai-vos dos aniquilamentos de Jesus Cristo no Santíssimo Sacramento, rebaixai-vos com Ele. Esquecei-vos e Ele crescerá à medida que diminuirdes. Seja o aniquilamento o característico de vossa vida. Tornai-vos quais espécies que, nada mais possuindo, vivem só por milagre. Não vos tomeis em consideração. Não conteis convosco. Não façais nada para vós. Aniquilai-vos.

Jesus, manso e humilde de Coração

"Discite a me quia mitis sum et humilis corde."

"Aprendei de mim que sou manso e humilde de Coração" (Mt 11,29).

Jesus ensina-nos, pelo seu estado eucarístico, a nos aniquilar, a fim de nos assemelharmos a Ele. A amizade quer igualdade de vida e de condição. Para viver da Eucaristia é mister aniquilar-nos com Jesus aniquilado. Penetremos na Alma de Jesus, no seu Coração. Vejamos os sentimentos que o animaram, e ainda o animam, no Sacramento. Pertencemos a Jesus-Hóstia. Não se dá Ele a nós a fim de nos absorver em si? Precisamos viver do seu Espírito, ouvir-lhe as lições, pois na Eucaristia Jesus é nosso Mestre e quer Ele mesmo nos ensinar a servi-lo de acordo com seus gostos e sua vontade. E assim tem de ser, pois Ele é nosso Amor, e nós apenas seus servos.

Ora, Jesus revela-nos seu espírito nestas palavras: "Aprendei de mim que sou manso e humilde de Coração". E ao quererem os filhos de Zebedeu incendiar uma cidade avessa ao Mestre, diz-lhes Jesus: "Não conheceis o espírito que vos impele". *"Nescitis cujus spiritus estis."*

Seu espírito é *humildade e mansidão*. Isto é, humildade e mansidão de coração, amadas, aceitas e praticadas por amor e por semelhança a Jesus Cristo. Sendo nosso Mestre nestas virtudes, Ele no-las quer incutir e por esse motivo permanece no Santíssimo Sacramento e dá-se a nós. Só Ele no-las pode ensinar e nos comunicar a graça delas.

I

A arvore que dá a flor e o fruto da doçura é a humildade de coração. E a ela se refere Jesus quando diz: *"Discite a me quia humilis corde"*. Quanto à humildade de espírito negativa, baseada no pecado e no nada da natureza corrompida, Ele não lhe estava sujeito e, no entanto, para nos dar o exemplo, pratica-lhes as obras.

E assim, sem pecado, de nada tendo a corar, se humilha Jesus, qual pecador. *"Hic nil mali gessit."* "Ele nada fez de mal", disse o bom ladrão. Mas nós, de tudo temos a corar. Cometemos repetidamente o mal e nem sequer conhecemos toda a extensão desse mesmo mal.

Jesus não tem a ignorância da natureza decaída, enquanto nós nada, exceto o mal, sabemos. Viciamos a noção do justo e do bem. Ele, que tudo sabe, é tão humilde como se nada soubesse, até passar trinta anos no silêncio, a aprender.

Senhor de todos os dons naturais, a tudo sabe e pode fazer com perfeição. No entanto nada aparenta. Entregue ao trabalho rude, labuta qual aprendiz. *"Nonne fabri filius?"* "Não é Ele o filho do operário, operário como o pai?"

Jesus jamais manifestou tudo saber. Nos seus próprios ensinos declara nada fazer, senão repetir a palavra do Pai. Limita-se à sua missão. Cumpre-a de modo simples e humilde. Conduz-se qual homem verdadeiramente humilde de espírito. De nada se glorifica, jamais procura brilhar, ser espirituoso, parecer mais instruído que o próximo. No próprio templo, no meio dos doutores, ouvia e interrogava-os a fim de aprender. *"Audientem et interrogantem eos."*

Possuía a humildade de espírito positiva, que não consiste em se humilhar por causa das misérias, mas, devolvendo a Deus todo bem, humilhar-se nesse mesmo bem. Dependia em tudo do Pai, consultava-o e, na terra, obedecia àqueles que o representavam. Devolvia-lhe a glória proveniente de tudo. Sua humildade de espírito é grandiosa, admirável, divina. *"Gloriam meam non quaero sed ejus qui misit me."* É uma humildade cheia de glória, amorosa, espontânea.

Nós devemos ser humildes de espírito, porque somos ignorantes e pecadores — é dever de justiça; porque também somos discípulos e servos de Jesus. No entanto, Jesus, em seu mandamento, só se refere à humildade de coração. Receia, levado pelo Amor, vexar-nos por demais falando-nos desta humildade de espírito. Lembrar-nos-ia muitos pecados, muita miséria, que nos tornariam dignos de desprezo. O Amor de Jesus, velando esse lado doloroso, pede-nos que com Ele sejamos humildes de coração: *"Humilis cordis"*.

E como? Seremos humildes de coração se recebermos de Deus, em toda submissão, qualquer humilhação, qual bem, qual ato que lhe rende muita glória; de aceitarmos nosso estado e nossos deveres, quaisquer que sejam, sem nos envergonhar da nossa posição; se formos simples e naturais por entre graças divinas extraordinárias.

E se amamos a Jesus, devemos querer assemelhar-nos a Ele. Se amamos a Jesus, devemos amar o que Ele ama, pratica e antepõe a tudo o mais: a humildade.

A humildade de coração é mais fácil que a de espírito, porquanto só se trata de um sentimento nobre e elevado: assemelhar-nos a Jesus Cristo, amá-lo, glorificá-lo nessas circunstâncias sublimes de humildade.

Temos nós essa humildade de coração, ou antes esse Amor de Jesus humilhado? Possivelmente, em se tratando daquela que acompanha a dedicação, a glória, o êxito: quem dá, dedica-se pura e simplesmente, alheio a todo motivo de glória humana. Mas não aquela que se abaixa com João Batista, ocultando-se feliz em ser abandonado por causa de Nosso Senhor; não a de Jesus Sacramentado, escondido, aniquilado para glorificar ao Pai.

Eis a verdadeira luta que triunfará da natureza! Amar a humildade de Jesus é glorificá-lo, é proporcionar-lhe a vitória em nós.

Há a humildade na prosperidade, na abundância, no êxito, nas honras, no poder. Humildade relativamente fácil, pois, embora devolvamos toda a glória a Deus, gozamos nessa mesma humilhação. Mas há a humildade positiva do coração, que se exerce nas provações exteriores e interiores, ao atacarem o espírito, o coração, o corpo, as obras: verdadeiras tempestades em que submergimos. É a humildade de Nosso Senhor e de todos os Santos. Amar então a Deus, agradecer-lhe esse estado, eis a verdadeira humildade de coração.

E como alcançá-la? Nem pelo raciocínio, nem pela reflexão. Julgaremos possuí-la por nutrir belos pensamentos a respeito, ou por tomar resoluções heróicas nesse sentido, mas não faremos progresso algum. É preciso colocarnos em toda a simplicidade no espírito de Nosso Senhor, vê-lo, consultá-lo e operar sob sua influência, numa sociedade de amor, unidos em amor. É preciso recolher-nos em sua divina humildade de coração, oferecer as nossas ações a Jesus, humilhado por Amor no Sacramento, e dando preferência a esse estado obscuro sobre toda glória. Devemos depois examinar se, enquanto obramos, não nos desdizemos. Repitamos incessantemente: "Jesus, tão humilde de Coração, tornai nosso coração semelhante ao vosso".

II

A humildade de coração produz a doçura. Jesus foi doce. Essa virtude é, por assim dizer, o traço dominante de sua Vida. É seu Espírito.

"Aprendei de mim que sou manso." Não diz aprendei "que sou penitente, pobre, sagaz, silencioso", mas manso. Porque o homem decaído é natural e fundamentalmente colérico, rancoroso, invejoso, sensível, vingativo; é homicida no coração, furioso no olhar, venenoso na língua, violento nos movimentos. A cólera, devido à sua soberba, ambição e sensualidade, faz como que parte de sua natureza. É infeliz e humilhado em virtude de seu estado decaído. É cheio de azedume, qual o homem que sofre injustamente.

Doçura interior. Nosso Senhor é doce de Coração. Ama ao próximo, a quem deseja proporcionar todo o bem possível, a quem julga, movido pela Misericórdia, e não pela Justiça, cuja hora ainda não soou. Jesus é a terna mãe, o bom samaritano. Todos participam da meiguice do seu Coração — a criança débil, o pecador, o justo. Não sente a menor indignação contra quem o despreza, o injuria, lhe quer mal, mal lhe faz ou quer fazer. A todos conhece, de todos se compadece, triste por lhes ver o desgraçado estado. *"E videns civitatem flevit super eam."*

Jesus é doce por natureza — é o Cordeiro de Deus. Doce por virtude, glorifica o Pai. Doce por missão do Pai. A doçura devia ser o característico do Salvador a fim de que pudesse atrair os pecadores, animá-los a chegarem-se a Ele, a Ele se afeiçoarem e firmá-los na prática da lei divina.

Mui necessária nos seria essa mansidão de coração. E não a temos. Quantas vezes, pelo contrário, irritamo-nos, e muito, quer por pensamentos, que por juízo! Julgamos exageradamente pessoas e coisas sob o prisma pessoal e abatemos a quem a nós se opõe. Deveríamos antes julgar de tudo como Nosso Senhor julga, segundo sua Santidade ou sua Misericórdia. Então, sem faltar à Caridade, nosso coração se conservaria em paz; *"Jugis pax in corde humili"*.

Se prevemos alguma contradição, logo fervem em nosso espírito argumentos, justificações, respostas enérgicas. Ah! quão longe estamos da mansidão do Cordeiro! É o amor-próprio que só se vê a si, aos seus interesses. E se temos autoridade, só reparamos em nossa pessoa, nos deveres dos inferiores, nas virtudes que deveriam ter, no heroísmo da obediência, na força do mandar, no dever de humilhar, de romper, no exemplo a dar. Tudo isso junto não vale um simples ato de doçura. "Que aquele que comanda, torne-se o mais humilde de todos", disse-nos o Salvador. Somos e devemos ser discípulos do Mestre, manso e humilde de coração. *Servus sevorum Dei*, e não generais do exército!

Por que ostentar tanta energia contra aquilo que nos contraria? Por que essa cólera — certamente não é santa — contra a maldade, os incrédulos, os ímpios? Aí de nós! Na verdade impele-nos a vaidade. Julgamos ser enérgicos quando cedemos apenas à impaciência, à covardia. Quanto a Nosso Senhor, Ele teria dó dessa pobre gente, rezaria por ela e trataria, nas mútuas relações, de honrar o Pai pela doçura e humildade. Demais essas maneiras enérgicas, mordazes, dão mau exemplo. Ah! meu Deus, fazei meu coração manso como o vosso!

Doçura de espírito, Jesus é doce de espírito. Vê a Deus seu Pai em tudo, e nos homens vê as suas criaturas. É o pai, chorando os filhos pródigos e procurando reavê-los, querendo lavar-lhes as chagas, seja qual for sua origem, dar-lhes novamente a Vida divina! Entregando, então, seu espírito à idéia da paternidade, pensando nos filhos, pesaroso até a desgraça do seu estado, deseja-lhes o bem, e para esse fim trabalha na paz. A cólera, a indignação, a vingança lhe são estranhas. Davi chorava sobre Absalão culpado, recomendando lhe salvassem a vida. Maria, Mãe das Dores, chorava sobre os carrascos de seu Filho, obtendo-lhes o perdão.

A verdadeira Caridade, quer se trate do espírito, quer do coração, pensa no bem a fazer, e não no mal aparente, nem nos meios de dele se vingar. Não separa o homem do seu estado sobrenatural, presente ou futuro e, não querendo ver nele um inimigo, não o isola de Deus. A Caridade é benigna e paciente.

O que percebemos estar em nosso coração, encontra-se também no espírito e na imaginação, que tantas tempestades levantam, pondo-nos a espada à mão para tudo cortar. Urge acabar de vez com esses ataques. Elevemos o olhar a Jesus e à agitação sucederá a bonança.

III

Manso de coração e de espírito, Jesus é naturalmente manso no exterior. Sua mansidão — o aroma suave de sua Caridade e de sua Santidade — reina sobre todos os movimentos de seu Corpo. Seus gestos nada têm de violento. São calmos, qual a expressão de seu pensamento e de seus sentimentos, repassados de doçura. Seu andar é tranqüilo, e não precipitado, porque a prudência tudo nele regula. Seu corpo, seu porte, seu modo de vestir anunciam ordem, serenidade, paz. É o reinado de sua modéstia suave, pois esta é a doçura do corpo e sua honra.

O Salvador traz a cabeça modesta, nem altiva, nem arrogante, nem dominadora. E sem estar humilhada ou tímida, tem-se com modéstia simples e humilde. No olhar, nenhum sentimento de cólera ou de indignação, mas sim de respeito para com os superiores, de Amor para com sua Mãe e São José em Nazaré, de Bondade para com seus discípulos, de terna Compaixão para com seus inimigos. Pouco fala e nunca para gracejar, zombar ou fazer uma pergunta de simples curiosidade. Todas as palavras são, quais seus pensamentos, frutos de sua Sabedoria.

Emprega termos simples, convenientes, ao alcance dos ouvintes, gente pobre e do povo, muitas vezes.

Nosso Senhor evita em suas prédicas toda referência apta a ferir, atacando apenas os vícios gerais, de casta, os maus exemplos e os escândalos, sem revelar crimes ocultos, defeitos íntimos.

Não foge de quem o odeia. Não deixa nenhum dever por cumprir, nenhuma verdade por dizer, quer por receio, quer por evitar uma contradição, quer por agradar a pessoa alguma. Não repreende prematuramente, não faz nenhuma profecia pessoal antes da hora marcada pelo Pai. Vive com aqueles que sabe o deverão abandonar, na mesma simplicidade, na mesma doçura. Não tendo ainda chegado o momento de falar, encara o futuro como se o ignorasse.

Admirável de Paciência para com o povo que o cerca, portando-se com calma encantadora no meio de muitas agitações, dos pedidos, das exigências de um povo agreste e terreno, é mais admirável ainda na Vida sossegada, suave, boa, que leva junto aos discípulos grosseiros, pouco inteligentes, sensíveis, interesseiros, envaidecendo-se por causa do Mestre. A todos Nosso Senhor testemunha o mesmo Amor. Não manifesta preferência, não priva intimamente com ninguém. Jesus é todo mel, todo doçura, todo Amor!

Se compararmos nossa vida à de Jesus Cristo, será nossa condenação! Nosso amor é cortante como a espada afiada em relação a certas pessoas cuja vida, cujo caráter ferem mais fortemente nosso orgulho. Porquanto essa impaciência, essas censuras, esses ares de superioridade, tudo provém de um fundo de preguiça que quer prontamente se desfazer ou se libertar de um obstáculo, de um sacrifício, de um dever e que nos leva a dele fugir ou acabá-lo precipitadamente. Aí de nós! Na verdade quão ridículo são essas atitudes, esses ares, essas palavras. É infantilidade ou estupidez e espero que o Mestre deles se apiede.

É de notar que a mansidão em relação às pessoas gradas ou a quem possa servir à nossa vaidade, é uma fraqueza, uma adulação, uma covardia, enquanto a força com os fracos é uma crueldade. A humilhação muitas vezes não passa de secreta vingança. Ah! meu Deus...

IV

O triunfo maior na mansidão de Jesus está na virtude do silêncio. Ele, que veio para regenerar o mundo, abstém-se de falar nos trinta primeiros anos de sua Vida. E no entanto quantos vícios a corrigir, quantas almas desviadas e, no culto divino, quantas faltas por parte dos levitas, dos chefes da nação. Nosso Senhor a ninguém admoesta. Contenta-se em rezar, em fazer penitência, em não ceder ao mal e por ele pedir perdão a Deus.

Quantas e quão belas coisas poderia ter Nosso Senhor dito nesses trinta anos para ensinar, para consolar! E não as disse. Ouviu aos antigos, assistiu às instruções na Sinagoga, às dos escribas, dos doutores da lei, qual simples israelita, da última camada social. Poderia ter censurado, castigado. E não o fez. Não era ainda chegada a hora!

A Sabedora incriada, o Verbo de Deus, que criou a palavra, que inspira a verdade, cala-se e honra seu Pai pelo silêncio suave e humilde. E este silêncio de Jesus nos diz eloqüentemente: "Aprendei de mim que sou manso e humilde de Coração!"

O silêncio de mansidão de Jesus é paciente. Ouve até o fim aqueles que lhe falam, sem jamais os interromper, embora saiba de antemão tudo o que lhe vão dizer. Responde-lhes diretamente. Repreende, corrige com Bondade, sem humilhar, sem a ninguém ferir, procedendo qual o melhor dos mestres para com o aluno inexperiente.

Contam-lhe coisas desagradáveis, estranhas ao assunto, encontrando Ele sempre ocasião de instruir, de semear o bem. Quão diferente somos nós no trato cotidiano! Quão impacientes por responder ao que já compreendemos de antemão, quão cansados de ouvir o que nos atrasa ou contraria, di-lo a expressão do rosto, toda a nossa maneira. Não é esse o espírito de Nosso Senhor — nem sequer o do homem bem-educado, do pagão honesto e prudente. Existe uma série de circunstâncias na vida em que a paciência, a mansidão, a humildade do silêncio, tornam-se a virtude do momento e devem ser perante Deus o fruto único de um tempo que de outro modo julgaríamos perdido. Sua graça nos previne a propósito. Ouçamos, obedientes, sua voz, simples e fielmente.

Que dizer da mansidão do silêncio de Jesus no sofrimento? Cala-se habitualmente ante o espírito incrédulo de vários discípulos, ante o coração iníquo e ingrato de Judas, cujos pérfidos pensamentos e torpes intrigas conhece. Jesus, como se nada soubesse, é senhor de si, calmo, afetuoso para com todos, mantendo com todos relações amigáveis. Acata o segredo do Pai a este respeito.

Ah! que bela lição contra os juízos temerários, as suspeitas, as antipatias recônditas! Jesus, por assim querer a Providência, dá preferência à lei da Caridade, ao dever comum sobre o conhecimento que tem do segredo dos corações.

Em presença dos juízes confessa, em toda a simplicidade, a verdade de sua Missão e de sua Divindade; em presença dos Pontífices, que é Filho de Deus, em presença do governador romano, que é Rei. Cala-se perante Herodes, curioso e impudico; guarda o silêncio próprio do condenado ante o zombar e os sacrilégios da coorte pretoriana. Padece, sem se queixar, os golpes de flagelação, o insulto do *"Ecce Homo"*. Não apela ao ser condenado injustamente. Carrega amorosamente a Cruz e sobe ao Calvário, por entre as maldições de todo um povo. E, quando a malícia dos homens se esgota, e os carrascos terminam sua obra, abre a boca e exclama: "Pai, perdoai-lhes, pois não sabem o que fazem". Ah! não se sensibilizará nosso coração, tocado pela contrição e pelo amor, à vista de tudo isto?

E que dizer da mansidão eucarística de Jesus? Como pintar sua Bondade acolhedora, sua afabilidade que se coloca à altura de qualquer um, seja pequeno, seja ignorante; sua paciência em atender a todos e a tudo, em ouvir tantas misérias; a Bondade da Comunhão onde a todos se chega, segundo a necessidade de cada um, conquanto encontre a Vida da Graça, um ligeiro sentimento de devoção, alguns bons desejos ou, pelo menos, um pouco de respeito; distribuindo a graça adequada e deixando a paz e o Amor como prêmio de sua passagem?

E reza por quem o despreza, quem o ofende, sem reclamar, sem ameaçar. Não castiga de improviso a quem o ultraja pelo sacrilégio, mas trata de levá-lo, pela doçura e Bondade, ao arrependimento.

A Eucaristia é o triunfo da mansidão de Jesus Cristo.

V

Como havemos de alcançar a mansidão de Jesus? É fácil admirar o belo, o bom; reconhecer a necessidade de uma virtude, sobretudo da mansidão. Porém, limitar-se a isso é proceder como o enfermo que, conhecendo o remédio para seu mal, tendo-o à mão, recusa-se a tomá-lo; ou como o viajante que, comodamente instalado, se contenta em apreciar a caminhada que lhe resta fazer.

Ora, o meio soberano de alcançar a mansidão do Coração de Jesus é o Amor de Nosso Senhor. O amor, tendendo sempre a produzir identidade de vida entre os que se amam, se exercerá de três modos.

Primeiro, destruirá pela guerra ao amor-próprio, o foco incandescente da cólera, da impaciência, da violência. Esse amor-próprio se manifesta pelas três concupiscências que lutam em nosso coração: a sensualidade, o orgulho e o desejo de se mostrar, de ser honrado, que, uma vez contrariados por um obstáculo qualquer, provocam nossa irritação. Combater essas três paixões dominantes é, pois, atacar diretamente o inimigo da mansidão.

Segundo, dará preferência àquilo que nos cabe fazer na ordem fixada pela Providência sobre aquilo que estamos a fazer. Porquanto a irritação mostra que a coisa que fazemos agrada-nos mais que o dever que Deus nos quer ver fazer – e por isso molestamo-nos. Devemos largar tudo para obedecer à Vontade de Deus e então tudo o que se apresenta será o melhor, o mais agradável aos nossos olhos. Essa metamorfose só se dará pelo amor à Santa Vontade de Deus manifestada na hora atual. E Deus varia graças e deveres de acordo com sua glória e nosso maior bem. Assemelhamo-nos então ao servo que abandona o serviço do simples cidadão pelo do soberano em pessoa. Quão animador é esse pensamento, quão apto a nos conservar na mansidão e na paz por entre as muitas vicissitudes da vida!

Mas, o terceiro e o melhor de todos os meios é estar sempre atento ao exemplo de Nosso Senhor, aos seus desejos, ao seu bel-prazer. Meio todo belo, todo luminoso, todo afetivo. Para sermos mansos, fitemos os olhos na Eucaristia. Participemos do maná divino, saborosíssimo, e teremos, em abundância, a suavidade, a doçura. Saibamos fazer pela manhã na Comunhão uma provisão de serenidade que dê para o dia todo. Carecemos tanto dessa mansidão!

Ser manso qual Nosso Senhor, manso por amor ao bom Salvador, eis o fito da alma que quer viver do espírito de Jesus.

Ó minha alma! Sê doce para com o próximo que te provoca, como Deus, Nosso Senhor, e a Santíssima Virgem são doces para contigo; sê doce para com ele, a fim de que teu Juiz o seja para ti, pois te será dado na mesma medida que terás dado. E se pensas nos teus pecados, no que mereceste e no que ainda mereces, vendo a Bondade, a mansidão, a paciência e a honra com que Nosso Senhor te trata, deverás te confundir, ó pobre alma, mansa e humilde de coração, nas relações com teu irmão!

Jesus, modelo de pobreza

"Beati pauperes spiritu." "Bem-aventurados os pobres em espírito" (Mt 5,3).

I

O espírito, a virtude, a Vida de Jesus são um espírito, uma virtude, uma Vida de pobreza absoluta e perpétua.

O Verbo Eterno desposa-a em Belém. Ao tornar-se Homem, principia sua Vida naquilo que a pobreza tem de mais humilhante, a morada dos animais; de mais rude, o estábulo, o presépio, a palha, o frio, a noite. Nasce longe de todo socorro, de toda habitação humana. Para tornar-se ainda mais pobre, o Verbo Encarnado nasce em viagem, sendo-lhe recusada a hospitalidade pela extrema pobreza dos pais.

Irá, em seguida, passar parte de sua infância no Egito, em país estranho, hostil aos Judeus, a fim de que seus pais ficassem, se possível fosse, ainda mais pobres e desamparados. Em Nazaré, passa trinta anos praticando a pobreza. Pobre foi sua morada — fácil é convencer-se disso ao ver a humilde casa de Loreto; pobre seu mobiliário, composto apenas do estrito necessário, dos móveis mais rudimentares ao uso dos pobres, como no-lo prova a tigela da Santíssima Virgem em Loreto; pobre no vestir; sua túnica, como podemos verificar, é tecida com lã grosseira; as faixas de seu nascimento são de linho espesso; pobre em sua alimentação, é o fruto do trabalho de um carpinteiro que ganha tão-somente o indispensável.

Quer Jesus aparentar-se aos pobres no seu modo de viver. Considera-se o último de todos e toma para si o pior lugar. A todos respeita e honra, qual pobre; guarda silêncio e, na Sinagoga, ouve humildemente as instruções. Nunca ostenta sabedoria ou ciência extraordinárias, mas leva a Vida simples da gente do povo. Reveste o exterior do pobre e passa despercebido e esquecido como se pobre fosse.

Procura sempre para si, em tudo o que faz ou quer fazer, o que há de mais pobre. Vede-o em sua Vida evangélica. Conserva o traje operário, os hábitos inerentes à vida do povo; reza de joelhos, em terra fria; come o pão de cevada dos pobres, passa fome e sede como eles, sem poder se saciar à vontade, vive de esmolas, viaja como se pobre fosse. E embora sua pobreza o torne desprezível aos olhos dos grandes e dos ricos, não hesita em lhes dizer: *"Vae, vobis divitibus"*. "Ai de vós, ricaços da terra!"

Escolhe discípulos igualmente pobres. Manda que não tenham duas túnicas, nem bastão para se defenderem, que não se preocupem com o comer ou o dinheiro. Morre abandonado, despojado até de suas míseras vestes. E envolto num sudário alheio e depositado num sepulcro oferecido pela Caridade. E depois de ressuscitado aparece aos seus Apóstolos com o mesmo exterior modesto de sempre.

Finalmente no Santíssimo Sacramento o Amor à pobreza leva-o a velar o esplendor de sua Divindade, o brilho de sua gloriosa Humanidade. E, para tornar-se mais pobre ainda e nada possuir, abdica de toda liberdade, de todo movimento exterior bem como de toda propriedade. Está na Eucaristia como nas entranhas maternas, envolvido e oculto sob as Espécies Santas, contando com a Caridade dos homens para receber a matéria própria a seu Sacramento, os objetos de seu culto. Eis a pobreza de Jesus. Amou-a e escolheu-a qual companheira inseparável.

II

Por que preferiu Jesus Cristo este estado de pobreza constante?

Em primeiro lugar, porque, enquanto filho de Adão, abraçou o estado de nossa natureza exilada, despojada de seus direitos sobre as criaturas. Em segundo lugar, porque quis santificar, por essa mesma pobreza, todos os atos que, nesse sentido, se praticariam em sua Igreja.

Faz-se pobre para comunicar-nos as riquezas do Céu, e desapegar-nos dos bens terrestres pela pouca importância que Ele lhes dava. Faz-se pobre para que a pobreza, que é nosso estado, nossa penitência e o meio pelo qual podemos reparar, se torne honrosa para nós, desejável e amável nele. Faz-se pobre para nos mostrar seu Amor e no-lo provar, e pobre continua no Sacramento, apesar de seu estado glorioso, a fim de oferecer-nos sempre um modelo vivo e visível.

E deste modo, a pobreza que, em si, nada tem de amável, por ser um castigo e impor uma privação, será em Jesus Cristo nobre e encantadora, pois Ele a tornou a norma de Vida, o fundamento evangélico, a primeira das beatitudes, sua herdeira divina.

É santificada por Jesus, por ter sido sua grande virtude e por reparar a Glória de Deus, ferida pelo pecado original e pelos nossos próprios pecados. Produz, pelas privações que impõe, a virtude da penitência. Dá ocasião à prática da paciência, tão necessária, que coroa nossas obras, aperfeiçoando-as. É o alimento da humildade, nutrindo-a pelas humilhações que sempre a acompanham. Subentende muita doçura e muita força de caráter, para sofrer longamente, pois o sofrimento, despido de toda consolação, de todo socorro amigo, é sua conseqüência lógica. A pobreza precisa ser mansa, pois nada se dá ao pobre arrogante; precisa ser toda de deferência e de respeito para com aqueles de quem espera algum auxílio; precisa ser grata, por nisso residir sua força, ser orante, por nisso estar sua vida.

E quanta glória rende a Deus a pobreza! Aceita, contente, seu estado, pois foi Deus quem lho mandou, utilizando-se de todas as partes que o compõem para de tudo prestar homenagem a Deus. Agradece-lhe tanto a felicidade como a provação. Adora em tudo a Deus, a quem ama sobre qualquer estado. Sua Santa vontade constitui toda a sua riqueza, abandonando-se à sua paternal Providência manifestada quer pela Misericórdia, quer pela Bondade, quer mesmo pela Justiça. *"Jacta super Dominum curam tuam et ipse te enutriet"*: o pobre sobrenatural a Deus pertence!

Ah! quão encantadora é a pobreza que nos leva a amar a Deus mais que a tudo! Quão bela é a pobreza cristã e quão superiormente bela a pobreza religiosa que honra a Deus pelo dom de tudo, pelo abandono à sua Bondade em todas as coisas! O desejo de gozar levou o homem à sua ruína, enquanto a pobreza o levanta e o beatifica. Mas, sobretudo, quão admirável é essa pobreza de Jesus no Santíssimo Sacramento, onde abdica de toda glória, de todo bem natural, de toda liberdade e se entrega à Caridade, à mercê do homem. Eis aí o verdadeiro Amor!

Assim é que quem quer ser Santo deve ser pobre de afeição, e quem quer ser um grande Santo deve ser pobre de afeição e de estado. A perfeição, a santidade consiste em preferir sempre o menos ao mais, em simplificar a vida diminuindo-lhe os prazeres, em se depauperar por amor a Nosso Senhor, em fazer de Jesus pobre seu modelo, de sua pobreza a lei de vida interior, e exterior, a forma da Vida de Jesus em nós.

III

Consideremos a pobreza espiritual de Jesus Cristo, que constitui a coroa e a vida da virtude da pobreza.

Nós, que nada sabemos, devemos calar-nos e ouvir. Não guardou Nosso Senhor silêncio durante a maior parte de sua Vida, como se fosse destituído de conhecimento, Ele que tudo sabia, porquanto era a Inteligência e o Verbo do Pai? Ah! custa-nos muito, por ser tão grande nossa vaidade espiritual, patentear nossa pobreza a esse respeito!

Jesus possuía no mais alto grau todas as virtudes e todavia declarava nada possuir por si mesmo. Quanto a nós, nosso coração de fato nada tem de bom, produzindo apenas espinhos. Em presença de Deus somos secos e áridos, qual pedra ou animal de carga, e nada encontramos a lhe dizer. Haverá nisso motivo de desvanecimento? Ah! mísera terra que produz tão-somente o cardo!

Jesus, que todo bem podia praticar, tudo espera do Pai. Quanto a nós, nenhum bem podemos fazer, e nesse ponto nossa pobreza é ainda mais miserável. Muito foi o mal cometido, e pouco o bem — e mesmo este pouco bem está impregnado de imperfeições.

Tal nossa pobreza interior. Façamos dela uma virtude, chegando-nos a Nosso Senhor por este estado de pobreza, praticando-lhe os atos qual a criança fraca, ignorante, desajeitada, que tudo estraga, mas que todavia está em paz consigo mesma, feliz ao lado da mãe em quem confia implicitamente. Seja a virtude de Jesus toda a nossa riqueza!

Em geral o pobre não tem recursos, ciência ou poder. E no entanto vive tranqüilo no seu estado, gosta de seus trapos — títulos eloqüentes à benevolência do rico. De suas chagas, que ostenta complacente, lhe vem o meio de vida.

E não é Nosso Senhor melhor e mais terno que a melhor e mais terna das mães? Não é Ele nossa doce providência, nossa luz, nosso tudo?

Sirvamo-lo, pois, em espírito de pobreza, pela verdadeira humildade de coração. Saibamos, no meio do mundo, permanecer sem defesa. Jesus no Sacramento não a tem, nem tão pouco a tem o pobre. E quem não havia de admirar a pobreza interior e exterior de Jesus, de Maria e de José?

O pobre nata tem, a nada se apega, nada pode por si, nada sabe para ensinar aos outros — ou, pelo contrário, seria rico, pois os bens do espírito são mais dignos de apreço que os bens do corpo. Mais glorioso é poder dar conselhos que algumas moedas de dinheiro.

A pobreza interior, bem entendida, torna-se o remédio às três concupiscências que trazemos em nós. Ataca a vaidade, a cobiça de tudo saber, a sensualidade do espírito. Convençamo-nos que somos pobres de espírito, de coração, de energia, de constância, de força e então a pobreza se apresentará qual coisa natural. Tornar-se-á nosso estado habitual e havemos de querer depender em tudo de Deus: da sua Luz para o nosso espírito, da sua Graça para nossa vontade, do seu Amor para nosso coração, da sua Cruz para nosso corpo.

Mas para que esta pobreza nos possa atrair, precisamos vê-la e amá-la em Nosso Senhor, paupérrimo no Santíssimo Sacramento, repetindo-nos incessantemente: *"Sine me nihil potestis facere"*. "Sem mim nada podeis, nada tendes. Eu sou vossa só riqueza. Não procureis outra, nem em vós nem em torno de vós."

IV

Donde provém os pecados contra a pobreza, se estamos presos a ela em virtude do nosso estado, ou da antipatia que sentimos em proceder segundo a pobreza de afeição, se pertencemos ao mundo?

Procedem, em primeiro lugar, da vaidade. Queremos ter, para nosso uso particular, coisas bonitas. Procuramos o que há de fino, de bom, de vistoso, sob o pretexto de que dura mais. Ah! melhor seria consultar a Nosso Senhor e ao espírito de pobreza, pois um ato dessa mesma virtude nos seria de maior proveito que toda essa suposta economia.

Em segundo lugar, da sensualidade que nos leva também a violar a pobreza pelos cuidados excessivos para conosco, pela precaução em evitar o menor mal-estar! Na verdade, a natureza mais teme a pobreza, em muita gente, que a humildade, a modéstia ou outra virtude qualquer. Se quisermos, portanto, assemelhar-nos a Nosso Senhor, saibamos praticá-la resolutamente. Que cada qual, de acordo com sua posição, procure algo de menos belo, de menos abundante. Que em tudo o que tomamos ou recebemos haja sempre uma homenagem à santa pobreza de Jesus Cristo, nosso Mestre.

Natal e a Eucaristia

"Hodie parvulus natus est nobis."   "Hoje nasceu-nos uma criança" (Is 9,6).

Doce festa a do nascimento do Salvador que, saudada sempre com alegria, revive pelo nosso amor e se prolonga pela Eucaristia. As relações entre Belém e o Cenáculo estão intimamente ligadas e se completam mutuamente. Estudemo-las no dia de hoje.

I

A Eucaristia — e que é a Eucaristia senão o trigo dos eleitos, o Pão vivo? — foi semeada em Belém. Ora, é mister semear o trigo, fazê-lo penetrar na terra, germinar, amadurecer até que ceifado, moído, se torne um pão substancial.

Nascendo hoje sobre a palha do presépio, o Verbo preparava sua Eucaristia, encarando-a qual complemento de todos os mistérios. Vinha Ele para unir-se ao homem e firmar com ele em Vida a união da graça, dos exemplos, dos méritos. Mas somente na Eucaristia se consumaria entre ambos uma união tão perfeita quanto possível na terra. Se quisermos compreender o Plano Divino, urge não perdermos de vista este pensamento divino, este fim que Nosso Senhor se propôs: união da graça pelos Mistérios de sua Vida e de sua Morte; união de corpo e de pessoa na Eucaristia, preparando, uma e outra, a consumação da unidade na Glória.

Ora, qual o viajante que, visando um determinado fim, jamais o perde de vista, mas dirige nesse sentido todos os seus passos, assim também Nosso Senhor, durante toda a sua Vida, em segredo, preparava e encaminhava a Eucaristia.

Esse Trigo celeste foi, por assim dizer, semeado em Belém, casa do pão. Vede-o sobre a palha que, pisada, partida, representa a pobre humanidade. Jesus a erguerá novamente; dar-lhe-á nova Vida, nova fecundidade. *"Nisi granum frumenti cadens in terram."* Hei-lo, esse divino Pão, finalmente semeado.

A umidade das lágrimas infantis o fará germinar e o tornará belo. Belém, situada numa colina, domina Jerusalém. Uma vez amadurecida, a Espiga se inclinará do lado do Calvário, onde será moída, passando pelo fogo do sofrimento, a fim de se tornar Pão Vivo.

Os reis virão dele participar e nele se deliciarão. *"Panis Aser, deliciae regum."* É o Pão que convém às núpcias reais do Cordeiro. *"Currunt Magi ad regales nuptias."* É o Pão de que se nutrem hoje as almas régias, senhoras de si, representadas aí pelos Magos.

As relações entre o nascimento do Salvador em Belém e a Eucaristia, encarada qual Sacramento, repetem-se em se tratando da Eucaristia encarada qual Sacrifício. Ah! na verdade, Jesus nasce como um tenro Cordeiro no presépio em Belém, e, como ele, conhece apenas sua Mãe. Oferece-se desde logo em sacrifício — é seu primeiro grito: *"Hostias et oblationes noluisti, corpus autem aptasti mihi"*. "Pai, não quiseste mais hóstias, nem sacrifícios da lei, mas me destes um Corpo e eis-me." Este Corpo, indispensável à imolação, Jesus o oferece ao Pai. Junto à mãe, que o alimentará com seu leite puro e virginal, crescera esse manso Cordeiro. Ao cabo de quarenta dias, será anunciado a Maria o segredo da imolação que espera o Filho e ela dele cuidará até chegar a hora. Esse caráter de vítima está de tal forma gravado nele que S. João, ao avistá-lo no primeiro dia de sua Vida pública, só saberá designá-lo pelo nome de Cordeiro divino: *"Ecce agnus Dei; Ecce qui tollit peccata mundi"*.

O sacrifício, começado em Belém, consuma-se sobre o Altar na Santa Missa. Ah! quão tocante é, no mundo cristão, essa Missa de meia-noite! Saudada antecipadamente, é recebida sempre com alegria. E qual o motivos dos encantos da nossa festa de Natal, do júbilo dos nossos cânticos, do transporte dos nossos corações, se Jesus não renascesse, embora num estado diferente, sobre o Altar? Não se dirigem diretamente à sua própria Pessoa, nossos cânticos, nossas homenagens? Não está presente o objeto do nosso festejo, do nosso amor? Vamos de fato a Belém, e lá encontramos, não uma lembrança, uma imagem, mas o divino Infante em Pessoa!

Vede também como, na verdade, a Eucaristia se inicia em Belém. Aí está o Emanuel que vem fixar sua morada no meio de seu povo. Começando hoje a viver entre nós, a Eucaristia perpetuará sua Presença. Aí, o Verbo se faz Carne. No sacramento, faz-se Pão a fim de nos dar sua Carne, sem nos causar aversão.

É ainda aí que dá início às virtudes do estado sacramental. Ocultará sua Divindade para familiarizar o homem com Deus. Velará sua Glória divina para chegar gradualmente a velar sua Humanidade. Ligará seu Poder pela fraqueza de seus membros infantis para mais tarde ligá-los sob as Santas Espécies. É pobre, Ele, o Criador, o soberano Senhor de todas as coisas, e de todos os bens se despoja. O presépio não lhe pertence, é uma esmola que lhe é feita. Vive, com sua Mãe, das ofertas dos pastores e dos dons dos Reis Magos. Posteriormente, na Eucaristia, recorrerá ao homem para obter um abrigo bem como a substância do seu Sacramento, a vestimenta do seu Sacerdote, a roupa do seu Altar. Eis como em Belém — onde encontramos a inauguração do culto eucarístico em seu principal exercício — a adoração — tudo anuncia a Eucaristia.

Maria é a primeira adoradora do Verbo Encarnado, José o primeiro adorador. Ambos crêem firmemente e sua fé constitui sua virtude: *"Beata es Maria, quae credidisti"*. É a adoração da virtude.

Os pastores e os Magos adoram, unidos a Maria e José. Atenta ao seu serviço, prevenindo seus menores desejos, Maria a todos satisfaz, dando-se toda inteira ao Filho. Os pastores oferecem seus dons simples e rústicos. Os Magos, suas dádivas magníficas. É a adoração da homenagem.

A Eucaristia será também o ponto de encontro de todas as condições, o centro do mundo católico. Ser-lhe-á tributado esse dúplice culto de adoração: adoração interior pela fé e pelo amor; adoração exterior pela pompa dos dons, das igrejas, dos tronos em que se ostentará o Deus-Hóstia.

II

O nascimento de Nosso Senhor lembra-me outra idéia. Os Anjos anunciam aos pastores a vinda do Salvador pelas seguintes palavras: "Hoje nasceu-vos um Salvador". *"Hodie natus est vobis Salvator."* E que significa isto? Que um novo mundo desponta, que a obra de Adão será derrubada e substituída por outra de restauração divina. Existem dois Adãos, cada qual pai de um grande povo. O primeiro, terrestre, é pai do mundo degenerado, *de terra terrenus*, e o segundo, do mundo regenerado, *de coelo coelestis*. Ora, este vem restabelecer tudo quanto aquele destruiu. Pois bem! Notai que tal restauração só se realiza aqui pela Eucaristia.

O ponto capital da culpa de Adão, bem como toda a arte diabólica da tentação dizem-no estas palavras: "Sereis como deuses"; di-lo também o sentimento de soberba que suscitaram em Adão.

"Sereis como deuses." Ai deles! Tornaram-se ao contrário, como animais. Pois bem. Nosso Senhor, tomando a si as promessas de Satanás — que será enleado nas próprias redes — no-las rediz a fim de que se cumpram. Tornar-nos-emos, na realidade, semelhantes a Deus pela manducação de sua Carne e de seu Sangue.

Não haveis de morrer. Recebemos na Comunhão uma garantia infalível da imortalidade. "Quem come minha Carne e bebe meu Sangue terá a Vida Eterna e Eu o ressuscitarei no último dia." Nosso Senhor promete-nos a Vida eterna. Quanto à temporal, perdemo-la, é verdade, mas não é vida que mereça o nome. É apenas uma etapa da vida real.

Sereis semelhantes a Deus. Uma aliança mais nobre traz consigo mudança de posição. A camponesa, ao unir-se ao rei, torna-se rainha. Ora, Nosso Senhor, ao comunicar-se a nós, associa-nos à sua Divindade. Tornamo-nos sua Carne, seu Sangue. Recebemos a realeza celeste e divina do Criador. A natureza humana divinizou-se na União Hipostática. Ora, a Comunhão eleva-nos também à união divina e torna-nos participantes da Natureza de Deus. O alimento natural transforma-se em nós, enquanto nós nos transformamos em Nosso Senhor, que nos absorve. Tornamo-nos membros de Deus. E quanto mais, em vida, estivermos transformados em Jesus Cristo pela freqüente participação do seu Corpo adorável, tanto maior será nossa glória no Céu.

Finalmente, "tudo vos será dado saber". O mal, sim; o bem, não, naturalmente. Onde aprender essa ciência divina do bem, a não ser na Comunhão? Ouvi as palavras de Nosso Senhor aos seus Apóstolos, depois de terem comungado: "Não vos chamarei mais servos, porém amigos, porquanto tudo quanto meu Pai me ensinou, Eu vo-lo revelei".

A ciência nos é ensinada na Eucaristia pelo próprio Deus, que se constitui nosso mestre particular e imediato. *"Et erunt omnes docibiles Dei."* E não nos envia Ele agora profetas, por ser Ele mesmo nosso doutor. "Tudo sabereis", pois Ele é a Ciência Divina, incriada, infinita.

É assim que a Eucaristia acaba a restauração iniciada no Presépio. Regozijai-vos, portanto, neste belo dia, em que desponta o Sol divino da Eucaristia. Não separe jamais vossa gratidão o Presépio do Altar, o Verbo Encarnado do Homem-Deus feito Pão de Vida no Santíssimo Sacramento.

Nossos votos e desejos para Jesus Hóstia

"Adveniat regnun tuum."   "Venha a nós o vosso Reino" (Lc 11,2).

Venha a nós o vosso Reino! Que o Reino de Nosso Senhor se dilate e se aperfeiçoe, tais devem ser nossos suspiros de amor, neste primeiro dia do novo ano. Que seja conhecido e amado nos lugares onde não é conhecido nem amado. Que todos completem em si a obra da Encarnação e da Redenção. E onde é Nosso Senhor conhecido e amado? Ah! pequeno, bem pequeno é o reino de Jesus Cristo. Há trezentos anos que os homens pisam tanto sobre seus direitos como sobre os da Igreja. Perseguem a Nosso Senhor. Arrancam-lhe templos e povos. Oh! quantas ruínas eucarísticas!

Tão numerosos são os povos que jamais receberam a luz da Fé! Como poderá Nosso Senhor estabelecer neles seu reinado? Bastaria um Santo. Desejar, portanto, a Nosso Senhor bons sacerdotes, verdadeiros apóstolos, deve ser o objeto de nossa prece confiante. Poderemos abandonar pobres e infiéis que não conhecem nem o Pai celeste, nem a terna Mãe, nem Jesus seu Salvador, entregues como estão ao seu mísero estado? Ah! que crueldade! Estenda-se, amplie-se o Reino de Nosso Senhor pelas nossas orações. Recebam os pagãos a luz da Fé, conheçam o Salvador! Tornem os hereges e cismáticos ao aprisco, unidos sob o cajado do Bom Pastor!

E por entre os católicos, qual o reinado de Jesus Cristo? Rogai incessantemente pela conversão dos maus católicos, cuja fé é, por assim dizer, inexistente. Pedi a conservação da fé para aqueles que ainda a têm. Pedi essa mesma graça para todos os membros de vossa família, pois enquanto existir esse resto de união a Nosso Senhor, haverá esperança. Judas, ao lado do Salvador, dispunha de meios necessários à salvação: bastava-lhe apenas uma palavra; mas quando abandonou o Mestre, consumou-se o mal e ele se precipitou no abismo profundo.

Pedi, pelo menos, a conservação da Fé em Jesus Cristo, num ou noutro Mistério.

E, para trabalhar pela preservação da Fé, adotai uma linguagem cristã, toda impregnada dessa mesma Fé. Mudai o modo de falar do mundo. Consentimos, por indigna tolerância, que Nosso Senhor seja afastado dos costumes, das leis, da polidez, ao ponto de não ousarmos nos referir a Jesus Cristo numa reunião um tanto mista.

Mesmo entre os católicos praticantes, chamaríamos a atenção se falássemos de Jesus Cristo no Santíssimo Sacramento. Há tantas almas, dir-se-ia, que não cumprem com o dever pascal, que não vão à Missa, que grande é o receio de ferir um conviva, talvez o próprio anfitrião, que se encontra nesta situação. Falar-se-á de arte religiosa, das verdades morais, das belezas da religião, mas de Jesus Cristo na Eucaristia, nunca! Pois bem, mudai de rumo. Fazei profissão aberta de Fé. Sabei dizer *Nosso Senhor Jesus Cristo*, e nunca só *Cristo*. É preciso, afinal, mostrar que Nosso Senhor tem direito a viver, a reinar na linguagem da sociedade. É desonra para os católicos ocultarem a Nosso Senhor como o fazem. Urge mostrá-lo por toda a parte. E quem professar francamente sua fé, quem ousar pronunciar o Nome de Jesus Cristo, se colocará à altura de sua Graça. Saibam todos, em público, qual a nossa Fé.

Os princípios ateísticos são proclamados. A absoluta negação é ostentada, enquanto nós não ousamos sequer afirmar nossa Fé e pronunciar o Nome do divino Mestre. Cumpre-nos fazê-lo, pois esses pobres ímpios são possuídos do demônio, ou, pelo menos, obsessos. Pois bem! Contra esses demônios, oponde o nome de Nosso Senhor Jesus Cristo. Tomassem todas as almas de fé resolução de falar destemidamente de Nosso Senhor, mudariam em breve a face do mundo e acabariam por tornar natural sua idéia. O grande século aproxima-se. Os dois exércitos enfrentam-se. O ecletismo faliu, graças a Deus. É preciso ser bom ou mau, de Jesus Cristo ou de Satanás. Ah! confessai a Jesus Cristo; pronunciai-lhe o Nome. Ele é vosso estandarte, sabei trazê-lo galharda e altivamente.

Finalmente, reine Nosso Senhor em vós, onde já se acha, em vossa alma. Mas para que Ele reine completamente, resta ainda algo a fazer. Por enquanto, apenas vos conquistou, mas não reina ainda tranqüilamente, num reinado de paz e de amor. As fronteiras não lhe pertencem em sua totalidade — e que soberano reinará completamente se não dispuser de todos os pontos de seu Estado?

Conhecei cada vez mais a Nosso Senhor. Penetrai na sua Vida, nos seus Sacrifícios, nas suas Virtudes eucarísticas. Penetrai no seu Amor. Em vez de vos entregar sempre a vós mesmos, elevai-vos a Ele. Ver-vos nele é bom, mas vê-lo em vós é melhor. Em vez de vos cultivar a vós mesmos, cultivai, fazei crescer a Nosso Senhor em vós. Pensai nele, estudai-o nele mesmo. Penetrai nele. Nele tereis de que viver, Ele é grande, é infinito. É a estrada larga e real que engrandece a vida!

II

Urge, demais, consolar a Nosso Senhor. Ele conta com essas consolações que receberá com prazer. Pedi-lhe que suscite sacerdotes virtuosos, sacerdotes apóstolos e salvadores que cunham seu século e trazem a Deus novos reinos. Pedi-lhe que de tudo se aposse e não seja somente salvador — supõe muita miséria —, mas sim soberano pacífico e absoluto. Consolai-o por reinar Ele tão pouco sobre seus domínios. Infelizmente Nosso Senhor foi vencido. No Céu reina sobre Santos e Anjos, qual Senhor Onipotente, fielmente acatado. Na terra, dá-se o contrário. Os homens, seus filhos, a quem redimiu, levam-lhe vantagem. Que Ele reine, pelo menos sobre nós, já que não reina mais sobre as sociedades católicas. Trabalhemos para reavivar seu império por toda a parte.

Nosso Senhor não olha tanto para os belos monumentos como para nossos corações, que procura, e onde nos cumpre entronizá-lo, já que os povos o expulsaram. Era costume, entre os bárbaros, proclamar o rei erguendo-lhe um trono sobre os escudos. Proclamemos nós também a Jesus Eucaristia Rei, erguendo-lhe um trono em nossos corações, servindo-o fiel e devotadamente. Ah! como Nosso Senhor ama os nossos corações e os deseja possuir. Mendiga-os. Roga, insta, suplica. Cem vezes repelido, estenderá sempre a mão. É na verdade faltar à dignidade própria solicitar com a mesma instância depois de tantas repulsas. Ah! deveríamos morrer de vergonha ao pensar que Nosso Senhor mendiga desse modo e que ninguém lhe atira a esmola implorada! Ah! quantas injúrias sofre quando vem em busca dos nossos corações! Persegue, sobretudo, os católicos, as almas piedosas, os religiosos que não lhe querem dar o coração, pois Nosso Senhor tudo quer. E é seu Amor que o leva a procurar-nos com tanto interesse, com tanto ardor. Em duzentos milhões de católicos quantos o amam com amor de amizade e de vida, Amor que, na verdade, brota do coração? Se, ao menos, aqueles que fazem profissão de piedade, seus filhos, seus religiosos, suas virgens, lhe pertencessem radicalmente! Quando lhe permitimos dar um passo adiante, logo em seguida opomos-lhe um obstáculo. Damos-lhe isto e recusamos-lhe aquilo. E Nosso Senhor tudo quer, tudo pede. Espera sem desanimar.

Amemo-lo, portanto, por nós. Amemo-lo por aqueles que não o amam, pelos nossos pais e amigos. Paguemos-lhe a dívida da família, da pátria. Assim procedem os Santos, imitando nisso a Nosso Senhor, que ama por todos os homens e se oferece em garantia pelo mundo inteiro.

Ah! torne-se Nosso Senhor, doce Salvador que tanto nos ama, finalmente rei, mestre, esposo da alma. Será que amamos de fato menos a Nosso Senhor que a pais, amigos ou a nós mesmos? Caímos, porventura, nas malhas da feitiçaria? Se fosse possível num só golpe, num só ato, resgatar a dívida integral de amor, não deixaríamos de o fazer. Mas falta-nos coragem para recomeçar a cada momento. Pois bem, isto prova certamente indubitavelmente, que não amamos de fato!

Quantas mágoas causamos a Nosso Senhor! Muitas vezes aconteceu que morreram as mães pelos desgostos que lhe davam os filhos indignos. Não fosse Nosso Senhor imortal por natureza, já teria morrido mil vezes de tristeza desde que se encarcerou no Santíssimo Sacramento, como também teria morrido no monte das Oliveiras, se não fosse um milagre, à vista dos pecados que lhe cabia expiar. Aqui, Ele agoniza. Em si é glorioso, porém, em suas obras, em seu Amor, é humilhado: *"Tactus dolore cordis intrinsecus"*.

Pois bem! Consolai o Amor de Nosso Senhor. O homem encontra sempre alguém que lhe retribua o amor. Dar-se-á, todavia, o mesmo com Nosso Senhor? Consolai-o da ingratidão dos pecadores em geral, mas sobretudo da vossa ingratidão em particular. Chorai com Ele as defecções de seus ministros infiéis, de suas esposas vendidas. Sendo tudo isso tão hediondo, dir-se-á que melhor é ocultar tais fatos. Neste caso, pensai neles aos pés de Nosso Senhor e consolai-o. Só Judas conseguiu arrancar-lhe lágrimas de sangue. Ah! se nos fosse dado penetrar nos motivos de tristeza de Nosso Senhor, jamais nos entregaríamos a alegria alguma, e o sacerdote se recusaria a consagrá-lo se ele permanecesse em seu estado humano, sujeito à dor. Felizmente Ele não pode mais morrer e cabe tão-somente ao seu Amor carregar todo o peso desses muitos ultrajes.

Desola-me, sobremodo, ver almas piedosas, esposas que Jesus Cristo se reserva no século, considerarem sempre a perfeição como privilégio dos religiosos. "A tal nada me obriga, porquanto não fiz os votos que pedem a perfeição." A verdade é que nos falta coragem para amar. O amor é sempre o mesmo e podeis amar mais no vosso estado que o religioso no dele – mais perfeito em si, porquanto vosso amor pode levar vantagem sobre o dele.

Coragem. "Venha a nós o Reino de Jesus Cristo." A Exposição pública do Santíssimo Sacramento é a maior das bênçãos. A ela se seguirá Céu ou inferno.

Deixa-se o homem levar pelo que brilha. Nosso Senhor, subindo ao Trono, irradia luz e torna-se visível. Não nos resta, portanto, desculpa alguma. Ah! se abandonarmos, se passarmos por Ele sem nos converter, Ele se retirará e não nos restará mais a menor esperança.

Servi, pois, a Nosso Senhor, consolai-o, irradiai o fogo do seu Amor, nos recantos em que ainda não arde, trabalhai pela extensão do seu Reinado – Reinado todo de Amor. *"Adveniat regnum tuum, regnum amoris..."*

A Epifania e a Eucaristia

"Et procidentes adoraverunt eum."   "Os Reis Magos, prostrados, adoraram-no" (Mt 2,11).

Chamados a continuar, ante o Santíssimo Sacramento, a adoração dos Magos no presépio de Belém, devemos confundir-nos com eles num mesmo pensamento e num mesmo amor, pensamento e amor que os guiaram e sustentaram. Em Belém, começaram eles a fazer, aos pés de Jesus Menino, o que nós fazemos agora aos pés de Jesus Hóstia. A nós cumpre estudar os caracteres de sua adoração, a fim de completar nossos conhecimentos.

A adoração dos Reis Magos foi uma homenagem de fé, um tributo de amor ao Verbo Encarnado. Tal também deve ser nossa adoração eucarística.

I

A fé dos Magos brilha em todo o seu esplendor devido às suas terríveis provações porque passaram e de que triunfaram. Digo a provação do silêncio em Jerusalém e a provação da humilhação em Belém.

Os reais viajantes, quais homens prudentes, dirigem-se à capital da Judéia. Contam encontrar toda a Jerusalém jubilosa, o povo em festa, a alegria geral, enfim todos os sinais do mais vivo regozijo. E, surpresa dolorosa! Encontram a cidade em silêncio sem que nada revele a grande maravilha. Não estariam eles iludidos? Se o grande Rei tivesse de fato nascido, não proclamaria tudo sua vinda? Não serão eles um objeto de escárnio, quiçá de insulto, se anunciarem o alvo de sua jornada?

Tais hesitações, tal linguagem, prudentes aos olhos da sabedoria humana, seriam indignas, porém, da fé dos Magos. Tendo crido, vieram sem demora. "Onde nasceu o Rei dos Judeus?", perguntaram eles em alta voz no meio de Jerusalém admirada, defronte do palácio de Herodes, ante o povo aglomerado às pressas à vista do espetáculo desusado da entrada de três reis na cidade. "Avistamos a estrela do novo Rei e viemos adorá-lo. Dizei-nos, vós seu povo, que há tanto tempo o esperais, onde se encontra Ele?"

O silêncio é profundo. Herodes, interrogado, consulta os antigos e os sacerdotes, que respondem pela profecia de Miquéias. Ciente, então de tudo, ele despede-se dos príncipes estrangeiros, prometendo-lhes ir adorar, dentro em breve, o novo Rei. Confiantes nas palavras reais, partem, e partem sós, enquanto o sacerdócio levítico permanece como Herodes, hesitante e incrédulo, e a cidade continua indiferente.

O silêncio do mundo, eis a grande provação da fé na Eucaristia.

Se certos estrangeiros de alta nobreza viessem a saber que Jesus Cristo em Pessoa permanece por entre os católicos no seu Sacramento, tendo assim esses felizes mortais a felicidade, única e inefável, de possuir a mesma Pessoa do Rei do Céu e da terra, do Criador e Salvador do mundo, numa palavra, a Nosso Senhor Jesus Cristo, haviam de querer vê-lo e tributar-lhe suas homenagens. Animados por semelhante desejo, viriam, dos mais remotos países, a uma das brilhantes capitais européias. Não estariam eles sujeitos à mesma provação que os Reis Magos? Que revela, em nossas cidades católicas, a presença de Jesus Cristo? Serão as igrejas? — Mas o protestantismo, o judaísmo também têm seus templos. Que será então? Nada. Os embaixadores da Pérsia e do Japão vieram há pouco tempo visitar Paris. Que lhes daria a impressão de que possuíamos a Jesus Cristo, de que Ele vivia entre nós, ansioso por reinar? Eis o que causa escândalo àqueles que são estranhos às nossas crenças.

É esse silêncio também causa de escândalo para os cristãos fracos. Vendo a ciência do século negar a Jesus Cristo na Eucaristia; os grandes da terra não o adorarem; os poderosos nenhuma homenagem lhe prestarem, deduzem o seguinte: "Na verdade, não está Ele aí, pois não vive, não reina por entre os católicos". Quão freqüente é tal raciocínio! E quão grande é o número dos idiotas e dos escravos que só fazem o que vêem fazer!

E, todavia, no mundo católico, tanto quanto em Jerusalém, tem-se a palavra dos Profetas, dos Apóstolos, dos Evangelistas, palavras reveladoras da presença sacramental de Jesus. Ergue-se a Igreja na montanha divina, a todos visível, substituindo o Anjo dos pastores e a estrela dos Magos — sol para quem lhe quiser ver a luz; portadora da voz do Sinai para quem lhe quiser ouvir a lei, aponta-nos o Templo Santo, o Tabernáculo augusto e exclama: "Eis o Cordeiro de Deus, o Emanuel. Eis Jesus Cristo!"

À sua voz as almas simples e retas vão em busca do Tabernáculo, como os Reis Magos em busca de Belém. Amam a verdade e seguem-na com ardor. Tal a vossa fé, vós que aqui estais. Procurastes a Jesus Cristo, o encontrastes e agora o adorais. Deus vos abençoe.

O Evangelho diz-nos ainda que, ao ouvir os Magos, perturbou-se Herodes e com ele toda Jerusalém. Que o rei se perturbasse, isto não nos pode surpreender. Trata-se de um estrangeiro, de um usurpador que vê naquele que lhe é anunciado o Verdadeiro Rei de Israel, julgando ser por ele destronado. Mas que Jerusalém se perturbasse à feliz nova do nascimento daquele a quem esperava há tanto tempo, a quem saudava desde Abraão como seu grande Patriarca; desde Moisés como seu grande Profeta; desde Davi como seu grande Rei — eis o incompreensível.

Ignora, por acaso, o povo as profecias diversas? A de Jacó designando a tribo de que sairá? A de Davi determinando sua família? A de Miquéias nomeando sua cidade natal? A de Isaías cantando suas glórias? É mister que, além desses testemumhos precisos e brilhantes, venham os gentios, desprezados pelos Judeus, a dizer-lhes: "Nasceu-vos hoje um Messias. Viemos adorá-lo convosco, associamo-nos à vossa alegria. Mostrai-nos sua real morada e deixai-nos oferecer-lhe o tributo das nossas homenagens".

Ai de nós! O horrível escândalo do judeu, que se perturba ao saber do nascimento do Messias, continua por entre os cristãos! Quantos têm medo da Igreja em que reside Jesus Cristo? Quantos se opõem a que lhe sejam erigidos novos Tabernáculos, novos santuários? Quantos estremecem ao encontro do Santo Viático? Quantos não podem sequer tolerar a vista da Hóstia adorável? E por quê? Que mal lhe fez esse Deus oculto?

Ele os intimida, porque querem servir a Herodes e talvez à infame Herodíades: eis aqui o que constitui a última palavra desse escândalo herodiano que será seguido, dentro em breve, pelo ódio e pela perseguição sangrenta.

A segunda provação dos Magos está na humilhação do Menino-Deus em Belém. Contam — é natural — ver o berço do recém-nascido rodeado por todos os esplendores do Céu e da terra. E, imaginando toda espécie de magnificência, pois ouviram falar em Jerusalém das glórias preditas por Isaías, e visitaram, sem dúvida, a grande maravilha do mundo, o Templo destinado a recebê-lo, exclamam ao caminhar: "Quem é semelhante a esse Rei?" *"Quis ut Deus?"*

Mas, ó surpresa, ó decepção, ó escândalo, para uma fé menos robusta que a deles! Guiados pela estrela dirigem-se ao presépio. E que lhes é dado ver aí! Uma pobre criança, com sua jovem mãe, deitada sobre a palha, qual o último dos pobres, que digo? Qual o tenro cordeiro que nasce ao dia. Repousa Ele por entre os animais. Míseras faixas protegem-no ligeiramente contra os rigores do inverno. Será então mui pobre a mãe que dá à luz num tal retiro? Os Pastores não estão mais aí para repetir as maravilhas que contemplaram no Céu. Belém permanece inerte. Meu Deus, que provação! Se os reis da terra não nascem em tais condições, quanto mais o Rei do Céu! Muitos foram os habitantes de Belém que, vindo à gruta, ao ouvir a narração dos Pastores, voltaram incrédulos. Que farão então os Reis Magos?

Ah! vede-os de joelhos, prostrados, a fronte contra a terra, adorando, na mais profunda humildade, esse Menino. Choram de alegria ao contemplá-lo, enlevados ante sua pobreza! *"Et procidentes adoraverunt eum!"* Santo Deus, que inexplicável mistério! Jamais se rebaixaram de tal modo os reis, mesmo em presença de outros soberanos. E ao narrar a visita dos Pastores ao Salvador, anunciados pelos Anjos, o evangelista diz que eles o admiraram, mas não que se prostraram para o adorar. Cabe aos Magos prestarem-lhe o primeiro culto, a primeira homenagem de adoração pública em Belém, de serem os primeiros Apóstolos em Jerusalém.

Que viram eles nesta Criança, no estábulo e no presépio? Ah! viram o Amor! Amor inefável, Amor verdadeiro de Deus para com o homem. Deus levado pelo seu Amor a se fazer pobre, a fim de ser o amigo, o irmão do pobre. Deus fazendo-se fraco para consolar o fraco e o abandonado. Deus sofrendo para nos provar seu Amor. Eis o que os Magos viram. É a recompensa de sua fé, que triunfa dessa segunda provação.

A humilhação sacramental de Jesus Cristo, eis a segunda provação da nossa fé cristã.

Jesus em seu Sacramento vê, em geral apenas a indiferença dos seus, ou então a incredulidade e o menosprezo. É fácil compenetrar-vos dessa triste verdade. *"Mundus eum non cognovit."*

Mais fácil nos seria crer na verdade da Eucaristia se nos fosse dado ouvir, na Consagração, como outrora ao nascer, o concerto angélico; se víssemos, como no Jordão, o Céu entreabrir-se sobre sua cabeça; se contemplássemos sua resplandecente Glória como no Tabor; se finalmente, um dos muitos milagres operados no correr dos tempos, pelo Deus Eucaristia, se renovasse aos nossos olhos.

Mas nada, menos que nada nos é dado! É a negação de toda a glória, de todo o poder, de todo o Ser divino e humano de Jesus Cristo. Não lhe vemos a Face humana; não lhe ouvimos a voz. Desapareceu toda ação sensível!

Ora, dir-se-á, a vida é ação. O amor também se deverá manifestar por algum sinal. Aqui é o frio, o silêncio mortal.

Falais acertadamente, mui acertadamente, vós homens que vos inspirais na simples razão, ilustres no século, filósofos dos sentidos. A Eucaristia é a morte, ou antes, o amor da morte. É o amor da morte que leva o Salvador a atar seu Poder, a aniquilar sua Glória e sua Majestade Divina e Humana, a fim de não amedrontar o homem. É o amor da morte que o leva a ocultar suas Infinitas Perfeições e sua inefável Santidade, para não desanimar o homem, dando-se a conhecer sob a tênue nuvem das Santas Espécies que o tornam mais ou menos visível à nossa fé, segundo nossa virtude, forte ou fraca. Eis o que para o verdadeiro cristão constitui não um escândalo, não uma provação da fé, mas sim a vida e a perfeição do seu amor. A fé viva penetra nessa pobreza de Jesus, nessa fraqueza, nessa aparência de morte e chega-se à sua Alma, a consultar seus pensamentos, seus admiráveis sentimentos, e ao descobrir sua Divindade unida ao seu sagrado Corpo, oculto sob as Espécies Santas, o cristão, com os Magos, prostra-se, contempla e adora. Enlevado pelo mais radiante dos amores, encontra a Jesus Cristo. *"Et procidentes adoraverunt eum."*

Tais são as provações e o triunfo da fé dos Magos e da fé dos Cristãos. Examinemos a homenagem de amor dos Reis ao Deus-Menino, bem como a homenagem que nosso coração deve prestar ao Deus-Eucaristia.

II

Enquanto a fé conduz a Jesus Cristo, o amor encontra e adora-o. E qual foi o amor dos Reis Magos em adoração? Foi um perfeito amor. Ora, o amor manifesta-se por três modos, manifestações essas que lhe constituem a vida.

Manifesta-se, em primeiro lugar, pela simpatia que, formando entre duas almas o laço e a lei de duas vidas, torna-as semelhantes uma à outra. A ação da simpatia natural — e com quanto mais razão da sobrenatural para com Nosso Senhor — constitui a atração forte, a transformação uniforme de duas almas numa só alma, de dois corpos num só corpo. Assim como o fogo absorve e transforma em si toda matéria simpática, assim também o Cristão se transforma em Deus pelo Amor de Jesus Cristo. "Similes ei erimus."

Como foram os Magos atraídos imediatamente a este Menino que ainda não fala nem sequer lhes pode revelar o pensamento? Ah! o amor viu e, vendo, uniu-se ao objeto amado! Contemplai os reis de joelhos ante o presépio, rodeados pelos animais e adorando, num estado tão humilhado e humilhante para a realeza, a débil Criança que os fita com tão singelo olhar!

Se entre amigos fazem-se necessário palavras, aqui basta tão-somente o amor. Não imitam eles tanto quanto podem o estado do divino Infante, pois o amor, por ser simpático, é naturalmente imitador. Eles desejariam rebaixar-se, aniquilar-se até às entranhas da terra, a fim de melhor adorar e assemelhar-se àquele que, do Trono de sua Glória, se humilhou até descer, sob a forma do escravo, ao presépio.

Eles abraçam a humildade que o Verbo Encarnado desposou; a pobreza que deificou; o sofrimento que divinizou. O amor, por ser transformador, produz identidade de vida. Torna os reis simples, os sábios humildes, os ricos pobres de coração. Não praticam os Magos todas essas virtudes?

A simpatia, indispensável à vida de amor, por suavizar os sacrifícios e assegurar-lhes a perseverança, é, numa palavra, a verdadeira prova de amor e a garantia de sua durabilidade. O amor que não se torna mais simpático é uma virtude laboriosa, privada de alegria e dos encantos da amizade, embora por vezes sublime.

O Cristão, chamado a viver do Amor de Deus, precisa desta simpatia de amor. Ora, é na Santa Eucaristia que Nosso Senhor nos dá o suave penhor do seu Amor pessoal, como a amigos. É aí que nos permite repousar ligeiramente nosso coração sobre o seu, como o Discípulo amado. Aí nos faz provar, ao menos passageiramente, a doçura do maná celestial. Aí nos faz gozar no coração a alegria de possuir ao nosso Deus, como Zaqueu; nosso Salvador, como Madalena; nossa soberana felicidade e nosso tudo, como a Esposa dos Cânticos. Aí, soltam-se suspiros de amor: "Quão suave sois!... quão bom... quão terno... ó Jesus, para com aquele que vos recebe com amor".

Mas a simpatia do amor não descansará no gozo. É a brasa que o Salvador acende no coração quando encontra correspondência: *"Carbo est Eucharistia quae nos inflammat"*. O fogo ativo é invasor. Assim é que a alma, dominada por ele, é levada a exclamar: "Que farei, Senhor, em troca de tamanho Amor?" E Jesus responde: "Procurarás assemelhar-te a mim, viver para mim, viver de mim". A transformação será fácil. À escola do Amor, diz a Imitação, não se anda, corre-se, voa-se: *"Amans, currit, volat"*.

Manifesta-se, em segundo lugar, o amor pelo absoluto do sentimento. Quer tudo dominar, como senhor único e radical do coração. O amor é um. Tendendo à unidade, que é sua essência, absorve ou é absorvido.

Tal verdade brilha em todo o seu esplendor na adoração dos Magos. Ao encontrar o régio Infante, não tomam em consideração nem a indignidade do local, nem os animais que aí estão, tornando-o repugnante. Não pedem nem prodígios ao Céu, nem explicações à Mãe. Não examinam curiosamente o Menino, mas caem logo de joelhos em profunda adoração. Só por Ele vieram. O Evangelho nem sequer menciona as honras que, necessariamente, prestaram à Santa Mãe. Em presença do sol eclipsam-se todos os astros. A adoração, qual o amor que a inspira, é uma.

Ora, a Eucaristia, por ser a quintessência de todos os Mistérios de sua Vida de Salvador, é o absoluto do Amor de Jesus Cristo pelo homem. Tudo quanto Jesus Cristo fez, da Encarnação à Cruz, visava ao Dom Eucarístico, visava a sua união pessoal e corporal com cada cristão pela Comunhão, em que via o meio de nos comunicar os tesouros da sua Paixão, as virtudes da sua Santa Humanidade, os méritos da sua Vida. Eis o prodígio do Amor. *"Qui manducat meam carnem, in me manet et ego in eo"*.

A Eucaristia deve também ser o absoluto do nosso amor para com Jesus Cristo, se quisermos alcançar, pelo nosso lado, o fim que se propôs na Comunhão, isto é, transformar-nos nele pela união. A Eucaristia deve, pois, ser a lei das nossas virtudes, a alma da nossa piedade, o supremo anelo da nossa vida, o pensamento real e dominante do nosso coração, a bandeira gloriosa dos nossos combates e sacrifícios. E, fora desta unidade de ação, jamais conseguiremos o absoluto no amor. Com ele, porém, nada é mais suave e mais fácil. Temos então todo o poder do homem e de Deus concentrados harmoniosamente no reinado do amor. *"Dilectus meus mihi et ego illi."*

Manifesta-se, em terceiro lugar, o amor pelo dom, cuja perfeição é a mesma perfeição do amor. O escritor sacro, ao narrar a maneira pela qual os Reis ofereceram suas dádivas, bem como todas as circunstâncias do ato, fá-lo minuciosamente: "E abrindo seus tesouros, ofertaram-lhe ouro, incenso e mirra".

É o ouro o tributo destinado aos Reis. É a mirra o bálsamo sepulcral dos grandes. É o incenso o emblema da homenagem prestada a Deus. Ou, noutras palavras, representam esses três dons a humanidade em peso aos pés do Menino-Deus. O ouro é o poder e a riqueza. A mirra, o sofrimento, o incenso, a oração.

Como vemos, a lei do culto eucarístico começou em Belém e se perpetua no Cenáculo da Eucaristia. Os reis deram início às homenagens — a nós cabe continuá-las. Jesus Sacramentado pede ouro, por ser Rei dos Reis, com direito a um trono que exceda em esplendor ao de Salomão. Pede ouro para seus vasos sagrados, para seu altar. Será possível que a Eucaristia seja menos bem tratada que a Arca, feita do ouro dado pelo povo fiel, ouro puríssimo?

IV

Jesus Sacramentado pede mirra, não mais para si, pois, ao consumar-se seu Sacrifício no Lenho da Cruz, a Ressurreição lhe glorificou o Corpo divino e o Túmulo sagrado, mas porquanto se tendo constituído Vítima perpétua sobre o Altar, sofrerá necessariamente, não em si, mas em nós, por meio de nós, encontrando novamente a sensibilidade, a Vida e os méritos do sofrimento em nós, seus membros, que a completamos e lhe imprimimos a verdadeira qualidade atual de vítima imolada.

Jesus Sacramentado pede também incenso. O sacerdote lho oferece diariamente, mas Ele quer ainda o incenso das nossas adorações, a fim de nos dar em troca suas bênçãos e suas graças.

Quão felizes somos, pois, de poder, pela Eucaristia, participar do júbilo de Maria, dos Magos e dos primeiros discípulos que presentearam a Jesus Cristo! Resta-nos ainda a pobreza de Belém a socorrer. Ah! não nos chegam pela divina Eucaristia todos os bens da Graça e da Glória? Sim. Manam de Belém, o Céu do Amor. E esses rios de graças, de virtudes, de méritos que se acresceram no correr da Vida do Salvador, lançam-se todos no oceano do Sacramento adorável, onde os possuímos em toda a sua plenitude.

Mas nossos deveres dimanam também da Eucaristia, cujo Amor nos obriga a uma generosa retribuição. Os Magos, primeiros adoradores, são modelos que nos são impostos. Sejamos os herdeiros do seu amor, dignos de sua fé real para com Jesus Cristo e um dia mereceremos a mesma glória! Amém.

A festa do Corpo de Deus

"Haec est dies quam fecit Dominus."

"Eis o dia que fez o Senhor" (Sl 117,24).

Todos os dias provêm de Deus e devem à sua Bondade sucederem-se com tão admirável regularidade. Todavia, se, entre sete, Deus dá seis aos homens, para seus trabalhos e suas necessidades, reserva-se um para si. O domingo é, portanto, de modo especial, o Dia do Senhor. Mas, entre todos, há um que é sobremodo o dia de Deus, chamado – *Corpus Christi*, dia que na verdade, o Senhor reservou para si, para sua glória e para manifestar seu Amor. E quão belo é o nome! Dia festivo para Deus e também para nós. Vejamos agora por quê.

I

A festa de *Corpus Christi,* designada pela Igreja festa do Corpo Sagrado de Jesus Cristo, *Festum sacratissimi Corporis Christi,* é o único dia que é consagrado a honrar tão-somente sua adorável Pessoa, sua Presença viva por entre nós. As outras festas, belas e fecundas em graças, honrando a Deus, celebram algum Mistério de sua Vida passada. São, no entanto, mera lembrança, o aniversário de um passado remoto que só revive na nossa piedade. O Salvador não se encontra mais nesses Mistérios. Seu dia veio, mas passou e hoje só sua graça neles permanece. Aqui, trata-se de um Mistério atual. A festa dirigi-se à Pessoa de Nosso Senhor, vivo e presente entre nós, e por isso celebra-se de modo particular. Não se expõem nesse dia relíquias, ou emblemas dos tempos idos, mas o próprio objeto da festa, que é um objeto vivo. Vede como o povo, nos países onde Deus goza de liberdade, proclama sua Presença e prostra-se à sua passagem, enquanto os mesmos ímpios, tementes, inclinam-se. Deus aí está! Quão gloriosa é para a presença de Nosso Senhor esta festa em que todos o reconhecem e adoram!

II

É também a mais deliciosa das festas. Não nos foi dado assistir aos Mistérios da Vida e da Morte do Salvador que celebramos no correr do ano, embora nos alegremos pelas muitas graças que recebemos. Mas aqui participamos do Mistério – Mistério todo nosso – que se realiza sob nossos olhos. Existe entre Jesus vivendo no Sacramento e nós no mundo, uma relação de Vida, uma relação de Corpo a corpo. É porque esta festa não se chama simplesmente a festa de Nosso Senhor, mas a Festa do Corpo de Nosso Senhor. Por esse Corpo, nele tocamos. Por esse Corpo tornou-se nosso alimento, nosso irmão, nosso hóspede. Festa do Corpo de Jesus Cristo! Quanto Amor envolve tal nome, por ser humilde e proporcionado à nossa miséria. Nosso Senhor desejou essa festa para se aproximar cada vez mais de nós. Não deseja o pai ver o filho celebrar-lhe o aniversário, por lhe dar ocasião de provar com maior vivacidade seu amor paternal e lhe poder conceder algum favor particular?

Seja esta festa toda de alegria e ser-nos-ão concedidos insignes favores. Os hinos e cânticos desta solenidade exprimem a idéia de que Nosso Senhor se mostrará neste dia mais favorável que noutro qualquer.

Por que não celebra a Igreja a Festa do Corpo de Deus na Quinta-feira Maior, dia da Instituição da Eucaristia? Porque nesse dia, todo de luto, em que se inicia sua Paixão, não teria podido celebrar sua alegria de modo condizente. Impossível lhe é regozijar-se ao meditar na Morte, pensamento que domina os magnos dias da Semana Santa. A Festa do Corpo de Deus foi igualmente adiada para depois da Ascensão pelas tristes despedidas que restavam ainda fazer, pela dolorosa separação a consumar, e para depois de Pentecostes, para que, cheios das graças e do júbilo do Espírito Santo, possamos celebrar, com toda a pompa, a festa do Esposo divino que habita por entre nós.

III

A Festa do Corpo de Deus é a maior festa da Igreja, esposa de Nosso Senhor glorioso e ressuscitado, e não de Jesus Cristo nascendo ou morrendo. Ao se realizarem esses Mistérios, ela não existia ainda. É natural que deseje seguir ao divino Esposo no Presépio e nos sofrimentos, porém desses Mistérios guarda apenas a lembrança e as graças.

Mas Jesus Cristo, vivendo no Santíssimo Sacramento, permanece com sua Igreja. Julga-a viúva quem nunca penetrou em sua morada considerando-a como um cadáver, a seus templos como um local onde só se cogita de morte e sofrimento. Ora, eis que hoje, mesmo quem não assiste às suas solenidades, a verá rica e bela, de uma beleza natural, realçada pela Presença de Deus, seu Esposo. Quão rico é o cortejo que desfila ante os fiéis prostrados, enquanto a Igrej mostra a todos seu Esposo no Ostensório resplandecente!

Ah! quem a chamará de viúva nesse dia? Ao adorarem, seus amigos, tremem seus inimigos! Jesus patenteia-se a todos, abençoa os bons, fita com olhar compassivo os pecadores, chama-os e atrai-os a si. O Concílio de Trento, referindo-se a esta festa di-la o triunfo da Fé. Ah! na verdade assim é. Mas é também o triunfo da Igreja, por seu divino Esposo.

IV

Esta festa, finalmente, pertence-nos a nós, adoradores que somos do Augusto Sacramento. A Sociedade do Santíssimo Sacramento, em seus diversos ramos, só existe para celebrar continuamente, em louvor a Jesus Cristo, a Festa do Corpo de Deus. Prolongá-la por todo o ano, eis a lei da nossa vida, da nossa felicidade. Deixaremos aos demais filhos da Igreja administrar os Sacramentos, cuidar dos pobres, sarar as chagas físicas e morais da miséria humana. A nós cabe perpetuar a Festa do Corpo de Deus.

É, portanto, para nós seus religiosos, a *nossa* festa. É também, meus irmãos, vossa festa, pois não vos dedicastes inteiramente ao serviço do Santíssimo Sacramento? À noite, assim o querem as conveniências, vós vos retirais, deixando-nos a guarda de Nosso Senhor. Mas, ao retirar-vos, depositais o coração aos pés do divino Rei, o que nos permite dizer que toda vossa vida se passa aqui. E não celebrais na verdade, ao comungardes, em vosso coração a Festa do Corpo de Deus? Ah! conheceis a alegria, a felicidade que traz consigo Jesus. Ousarei dizer que, para as almas que sabem comungar, existe apenas uma festa: a Comunhão, onde encontram o autor e o objeto de todos os Mistérios, aquele em cuja honra são celebrados. Aos outros, isto é, a maior parte dos cristãos, só lhes é dada uma vaga lembrança.

Digo mais: se Nosso Senhor não vivesse no seu Sacramento, todas as festas cristãs seriam funerais renovados. Mas a Eucaristia, o sol das festas da Igreja, iluminando-os, vivifica e alegra-os.

A alma que sabe comungar, e o faz com freqüência, é mui justamente apelidada *juge convivium,* festim perpétuo. Quem vive com Jesus em si, de Jesus e por Jesus, é um tabernáculo, um precioso cibório. Ah! quão grande será a alegria dessas almas, alegria toda pura e inalterável!

Coragem! Sabei distinguir tais dias de outro qualquer. Nosso Senhor instituiu dias de realeza e hoje celebramos um deles. Ao rei compete distribuir suas riquezas. Tributai-lhe vossas homenagens e em troca Ele tudo vos dará. Dar-se-á a si mesmo com maior efusão de graças. Sabendo fazer distinções entre amigos, sabe a quem há de conceder maiores favores. O que desejo e ambiciono para vós neste belo dia, não é tornar-vos Santos, carregados de virtudes magníficas e extraordinárias — e tal jamais conseguireis? —, mas sim de gozar de grande felicidade no serviço de Deus, e que Nosso Senhor se comunique a vós de modo mais terno e afetuoso. Sentindo-vos mais amados, dar-vos-eis mais inteiramente. Desses dois amores resultará a união perfeita, em que consiste toda santidade e perfeição. Pedi com confiança, certos de alcançá-la. Dai integralmente vosso coração. Jesus é um terno pai: sede vós filhos dedicados. É um amigo fiel; provai quão suave é seu Amor. Ah! tremo pela salvação de quem nunca gozou da Bondade de Deus. Penetrai nessa imensa Bondade: *"Sentite de Domino in bonitate!"*

O Sagrado Coração de Jesus

"Erit Cor meum ibi cunctis diebus."   "Diariamente estará aí meu Coração" (1Rs 9,3).

I

São Paulo ambicionava para os Efésios que, pela graça do Pai, de quem procede todo dom, viessem a conhecer a ciência sobreeminente da Caridade de Jesus Cristo para com os homens. E nada lhes poderia desejar de mais santo, mais feliz, mais importante. O Reino de Deus entre os homens consiste em conhecer o Amor de Jesus Cristo até gozar-lhe a plenitude. Ora, esse Amor é o fruto da devoção ao Coração de Jesus vivendo e amando no Santíssimo Sacramento, devoção esta que constitui o culto soberano do Amor, bem como o centro e a alma de toda religião, pois esta é a simples lei, virtude e perfeição do Amor de que o Sagrado Coração é a graça, o modelo e a Vida. Estudemo-lo, pois, junto ao foco onde se consome por nós.

A devoção ao Sagrado Coração tem um duplo objeto: Visa, primeiro, honrar, pela adoração e culto público, o Coração de carne de Jesus Cristo e, segundo, o Amor infinito desse Coração que ardeu por nós, desde sua criação, Amor esse que ainda o consome no Sacramento dos nossos Altares.

II

Entre as faculdade nobres do corpo humano sobressai o coração. Colocado no centro do corpo, está como um rei no centro dos seus domínios. Cercam-no imediatamente, quais ministros e oficiais, os membros mais importantes que, por ele movidos, dele recebem a atividade e o calor vital, cujo reservatório é. O coração é a fonte donde emana impetuoso o sangue que, espalhando-se pelo organismo todo, o rega e lhe refresca as menores partes. Ao coração volta das extremidades o sangue debilitado para nele reacender e espalhar novas faíscas de vida.

Se é verdade em se tratando do coração humano, em geral, sê-lo-á também em se tratando do Coração adorável de Jesus Cristo em particular, a mais nobre parte do Corpo do Homem-Deus, unido hipostaticamente ao Verbo, merecedor, portanto, do culto supremo de latria que a Deus só é devido. Pois importa não separar, em nossa veneração, o Corpo de Jesus da Divindade do Homem-Deus, a que está unido por laços indissolúveis. O culto que lhe prestamos não se limita a si só, mas estende-se à sua Pessoa adorável que, possuindo-o, se lhe uniu para todo o sempre.

Daí podermos dirigir ao Coração divino as orações, as homenagens, as adorações oferecidas ao próprio Deus. Iludem-se aqueles que, ouvindo falar no Coração de Jesus, pensam tão-somente no órgão material, considerando-o apenas como membro sem Vida e sem Amor e tratando-o, mais ou menos, como se relíquia santa fosse.

Iludem-se igualmente aqueles que julgam que tal devoção divide Jesus Cristo e restringe só ao seu Coração um culto que merece toda a sua Pessoa. Não notam que, na honra prestada ao Coração de Jesus, nada se suprime às partes restantes do composto divino do Homem-Deus, pois, honrando seu Coração, queremos celebrar todas as ações, toda a Vida de Jesus Cristo, que é apenas a difusão exterior do seu Coração.

Assim como os raios ardentes se formam no sol e dele se irradiam para fertilizarem a terra e manterem vivo tudo o que já vive, assim também do coração se irradiam as influências fortes e suaves que levam o calor vital e o vigor a todos os membros do corpo. Definhe e sofra o coração, definha e sofre todo o corpo, dificultando-lhe o equilíbrio e impossibilitando o organismo de funcionar. Coube, portanto, ao Coração de Jesus vivificar, fortificar, sustentar seus membros, órgãos e sentidos pela contínua irradiação, até tornar-se princípio das ações, das afeições, das virtudes e de toda Vida do Verbo Encarnado.

O coração, no dizer dos filósofos, é o foco de amor. E como o Amor foi o móvel de toda a Vida de Jesus, é ao seu Coração que devemos referir todos os Mistérios e todas as virtudes. "Assim como ao fogo é natural arder, diz Santo Tomás, assim também ao coração é natural amar. E por ser este no homem o principal órgão do sentimento, convém que o ato imposto pelo primeiro de todos os preceitos se torne sensível pelo coração".

Se os olhos vêem e os ouvidos ouvem, o coração ama. É o órgão da alma produtor dos afetos e do amor. A linguagem vulgar, confundindo numa só essas duas expressões, emprega, reciprocamente, a palavra *coração* como sinônimo do amor. O Coração de Jesus foi, pois, o órgão, o cooperador do seu Amor, cujo princípio e sede foi. Experimentou todas as impressões afetivas suscetíveis de tocar o coração humano, com a diferença que a Alma de Jesus Cristo, amando de um modo incomparável e infinito, foi seu Coração uma fornalha ardente de Amor por Deus e por nós. Escapam-lhe contínuas chamas, intensíssimas e puríssimas, de Amor Divino que, abrasando-o do primeiro instante de sua concepção, ao seu último suspiro, não cessaram nem jamais cessarão de o abrasar, após sua Ressurreição. Produziu outrora, e ainda produz dia a dia, inúmeros atos de Amor — e um só desses atos honra mais a Deus que os dos Anjos e dos Santos juntos. É, por conseguinte, entre todas as criaturas corporais, a que mais glorificou o Criador, merecendo assim o culto e o Amor dos Anjos e dos homens.

Tudo o que pertence à Pessoa do Filho de Deus é infinitamente digno de veneração. A menor parcela do seu Corpo, a mais leve gota de seu Sangue, merecem as adorações do Céu e da terra. As coisas que aqui são vis, tornam-se veneráveis ao mero contato com sua Carne — a Cruz, os Pregos, os Espinhos, a Esponja, a Lança, numa palavra, em todos os instrumentos do seu suplício. Quão mais justo é venerar seu Coração, cuja excelência se baseia na nobreza das funções que exerce, na perfeição dos sentimentos que produz e nas ações que sabe inspirar? Porquanto se Jesus nasceu num presépio, se viveu pobre em Nazaré, se morreu por nós, tudo se deve ao seu Coração, santuário em que se formaram todas as resoluções heróicas e todos os desígnios que deram sopro à sua Vida. A alma fiel deve, por conseguinte, honrar ao Coração de Jesus como o presépio onde vê Jesus nascer pobre e abandonado; como a cátedra donde nos prega seu preceito: "Aprendei de mim que sou manso e humilde de Coração"; como a Cruz onde o vê expirar; como o Sepulcro donde o contempla saindo glorioso e imortal; como o Evangelho eterno que lhe ensina a imitar todas as virtudes de que é acabado modelo.

A alma devota ao Sagrado Coração se entregará, portanto, de modo especial à prática do amor divino, cujo centro e símbolo é. E como o Santíssimo Sacramento é o testemunho sensível e permanente do Amor, a alma encontrará na Eucaristia o Coração de Jesus e no seu Coração eucarístico aprenderá a amar.

II

Jesus Cristo, desejando ser sempre amado pelo homem, deve continuamente manifestar-lhe seu Amor; e como Deus teve de se fazer Homem, tornar-se sensível e palpável para vencer e conquistar nosso coração, terá, para assegurar-se sua conquista, de continuar a testemunhar-lhe um Amor sensível e humanizado. Sendo a lei do amor uma lei perene, perene também será sua graça. Tal sol de Amor jamais terá seu ocaso no coração do homem, porque de outro modo este se esfriaria e os gelos da morte e do esquecimento o abafariam. O coração humano só sabe entregar-se para a vida, unir-se ao amor atual que sente e que lhe dá provas patentes de sua existência.

Pois bem! Todo o Amor da Vida mortal do Salvador, nas suas diversas formas — Amor Infantil no presépio; Amor de zelo e de apóstolo do Pai, na sua pregação; Amor de Vítima na Cruz —, todos se unem para triunfar ao seu Coração, glorioso e vivo, no Santíssimo Sacramento, onde o devemos procurar para nutrir-nos do seu Amor. E se está ele também no Céu, só aí está para os Anjos e os Santos coroados, enquanto permanece na Eucaristia somente para nós. Nossa devoção para com o Sagrado Coração deve, portanto, ser uma devoção toda eucarística, toda concentrada na divina Eucaristia como no único eixo pessoal e vivo do Amor e das Graças do Sagrado Coração para com os homens. Por que separar esse Coração do seu Corpo da sua Divindade? Não é por ele que Jesus vive no Santíssimo Sacramernto? Não é ele que anima e dá Vida ao Corpo? Jesus ressuscitado não morre mais. Por que então querer separar seu Coração de sua Pessoa e fazê-lo morrer, por assim dizer, em nosso espírito? Não, esse Coração divino vive e palpita na Eucaristia — não mais duma Vida passível e mortal de Salvador, sujeita à tristeza, à agonia, à dor, mas duma Vida ressuscitada e consumada na beatitude. Essa impossibilidade de padecer ou de morrer não lhe diminui em nada a realidade da Vida, mas torna-o, pelo contrário, mais perfeito. Jamais penetrou a morte em Deus? E não é ele todavia a fonte da Vida eterna e perfeita?

O Coração de Jesus vive, pois, na Eucaristia, já por nela viver seu Corpo, de modo insensível, é verdade, mas o mesmo para todos os homens; princípio da Vida que deve ser misterioso e velado, pois desnudá-lo é dar-lhe a morte. Só pelos efeitos nos havemos de certificar da sua existência. O homem não precisa ver o coração do amigo. Uma palavra lhe dirá seu amor. Que será então do Coração divino de Jesus! Manifesta-se a nós pelos sentimentos que nos inspira, e que nos devem bastar. Quem poderia, aliás, contemplar a Beleza, a Bondade desse Coração divino? Quem lhe poderia suportar o brilho da Glória, as chamas consumidoras, devoradoras, desse centro de Amor? Quem ousaria encarar essa arca divina onde está escrito, com letras de fogo, seu Evangelho de Caridade, onde estão glorificadas suas virtudes, onde se eleva um trono ao Amor e se abrem à sua Bondade todos os tesouros? Quem desejaria penetrar no mesmo santuário da Divindade? Ah! O Coração de Jesus! É o Céu dos céus habitado pelo próprio Deus, que aí se delicia!

Ah! Se não nos é dado ver ao Coração Eucarístico de Jesus, é-nos dado possuí-lo – é nosso! Quereis conhecer-lhe a Vida? Divide-se esta entre o seu Pai e nós. Guarda-nos, e, enquanto encerrado numa débil Hóstia, o Senhor parece dormir o sono da impotência, seu Coração vela: *"Ego dormio et Cor meum vigilat"*. Vela quando pensamos e quando não pensamos nele; não tem repouso, clamando ao Pai em alta voz em nosso favor; envolve-nos em seu Coração e preserva-nos dos golpes da Cólera Divina provocados pelos nossos muitos pecados. Seu Coração aí está, como na Cruz, aberto e deixando correr sobre nossas cabeças torrentes de Graça e de Amor. Aí está para defender-nos dos nossos inimigos, qual a mãe que, para proteger o seu filho contra o perigo iminente, aperta-o ao coração para que não seja ferido senão depois dela. "E mesmo que a mãe esquecesse o filho, diz-nos Jesus, eu jamais vos esquecerei."

O segundo olhar do Coração de Jesus é para seu Pai. Adora-o pelos seus inefáveis rebaixamentos, pela sua adoração aniquilada; louva-o, agradece-lhe os benefícios concedidos aos homens seus irmãos; oferece-se como Vítima à Justiça paterna, enquanto sua oração pela Igreja, pelos pecadores, por todas as almas que resgatou, é incessante. Ó Pai, fitai complacente os Olhos no Coração de vosso Filho Jesus: vede-lhe o Amor, ouvi-lhe os suspiros e que o Coração Eucarístico de Jesus seja nossa salvação!

As razões pelas quais a Festa do Sagrado Coração foi instituída, a maneira pela qual Jesus manifestou-nos seu Coração, ensina-nos ainda que é na Eucaristia que o devemos honrar, pois aí o encontraremos na plenitude do seu Amor.

É ante o Santíssimo Sacramento exposto que Margarida-Maria recebe a revelação do Sagrado Coração; é na Hóstia que Jesus a ela se manifesta com o Coração nas mãos, a lhe dizer estas palavras adoráveis, o mais eloquente comentário à sua Presença no Sacramento: "Eis o Coração que tanto amou aos homens!" E Nosso Senhor, aparecendo à Venerável Madre Metilda, fundadora duma sociedade de adoradoras, ordenou-lhe que amasse ardentemente e honrasse, na medida do possível, seu Sagrado Coração no Santíssimo Sacramento, dando-lho em garantia do seu Amor, qual refúgio em vida e consolação na hora da morte.

E a Festa do Sagrado Coração visa honrar com maior fervor e devoção o Amor de Jesus Cristo sofrendo e instituindo o Sacramento do seu Corpo e do seu Sangue.

Para compenetrar-vos do espírito da devoção ao Coração de Jesus deveis, portanto, honrar os sofrimentos passados do Salvador e reparar as ingratidões que, diariamente, o ferem na Eucaristia.

Quão grandes foram as Dores do Coração de Jesus! Todas as provações ajuntaram-se para atacá-lo. Foi saturado de humilhações; assaltado pelas mais revoltantes calúnias, decididas a roubar-lhe a honra. Foi saciado de opróbrios. Foi oprimido pelos desprezos. Mas, apesar de tudo, ofereceu-se, porque assim o quis, sem a mais leve queixa. Seu Amor foi mais forte que a morte, e as torrentes da desolação não lhe puderam apagar o ardor. Tais Dores, naturalmente, foram passageiras. Mas já que Jesus padeceu por nós, nosso reconhecimento será constante. É dever do nosso amor honrá-las como se presente estivessem aos nossos olhos. E esse Coração que soube sofrê-las com tanto amor, aí está: vivo, ativo, e não insensível, morto, mas sim cada vez mais amante.

Ai de nós! Se Jesus não pode mais sofrer, os homens mostram-se de uma negra ingratidão a seu respeito, e ingratidões para com um Deus presente, vivendo conosco para obter nosso amor, é o supremo tormento do Coração de Jesus no Santíssimo Sacramento do Altar.

O homem mantém-se indiferente ao dom soberano do Amor que Jesus lhe tem. Não o aprecia, nem sequer nele reflete, ou se inconscientemente o fizer, ao querer Jesus despertá-lo do seu torpor, repelirá logo semelhante idéia como importuna. Não quer saber do Amor de Jesus Cristo.

Mais ainda. Atormentado pela fé, pela lembrança da educação cristã, pelo sentimento que Deus lhe pôs no fundo d'alma e que o levaria a adorar a Jesus Cristo na Eucaristia, qual seu Senhor, e volver ao seu serviço, o homem ímpio revolta-se contra esse dogma, o mais amável de todos. Vai até negar, até apostatar, a fim de não ter de o adorar, ou sacrificar-lhe um ídolo, uma paixão, preferindo permanecer preso por cadeias vergonhosas. Vai mais longe ainda sua malícia. Não se contentando em negar, não recua ante o crime de renovar os horrores da Paixão do Salvador.

Ah! são tão numerosos os Cristãos que desprezam a Jesus no Santíssimo Sacramento, a esse Coração que tanto os amou e que se consome de Amor por eles, utilizando-se do véu que o oculta para melhor desprezá-lo! Insultam-no pelas irreverências, pelos pensamentos culpados, pelos olhares criminosos em sua Presença e aproveitam-se da paciência inalterável, da Bondade que tudo sofre em silêncio para — quais soldados ímpios de Caifás, Herodes e Pilatos — O insultarem. Blasfemam sacrilegamente contra o Deus da Eucaristia, por saber que seu Amor o torna mudo. Crucificam-no até em sua alma culpada; recebem-no! Ousam tomar esse Coração vivo e ligá-lo ao seu cadáver infecto, entregando-o ao demônio que os domina!

Não, Jesus nunca passou, nos dias de sua Paixão, por tantas humilhações como em seu Sacramento! A terra é-lhe um Calvário ignominioso. Ah! Ele procurava um consolador, em sua agonia, pedindo na Cruz que alguém se compadecesse da sua dor. Hoje, mais que nunca, a confissão pública do nosso delito, a reparação amorosa para com o Coração adorável de Jesus, tornam-se necessários! Cerquemos a Eucaristia com nossas adorações, com nosso amor. Ao Coração de Jesus, vivendo no Santíssimo Sacramento, honra, louvor, adoração e glória nos séculos dos séculos!

O Céu da Eucaristia

"Ecce ego creo coelos novos, et gaudebitis et exultabitis in sempiternum in his quae ego creo."

"Eis que estou a criar novos céus, que serão para vós causa eterna de júbilo e de alegria" (Is 65,17-18).

I

No dia da Ascensão, Jesus Cristo subiu ao Céu para tomar posse de sua glória e preparar-nos um lugar. Com Ele a humanidade remida poderá penetrar no Céu. Ciente de que este não nos está mais fechado, vivemos na expectativa do dia em que suas portas se abrirão à nossa passagem, esperança esta que, nos sustentando e animando, por si bastaria, com todo rigor, para nos obrigar a levar vida cristã, ao ponto de padecermos todas as tristezas da vida a fim de não a perder. Todavia, Nosso Senhor, para entreter em nós a esperança do Céu, tornando-a mais eficaz, e nos levar a esperar com toda paciência o Céu da glória, a que Ele nos quer conduzir, criou o lindo Céu Eucarístico — pois a Eucaristia é o Céu antecipado. Não é Jesus glorioso, baixando à terra e trazendo-o consigo? E por toda parte onde está Nosso Senhor, não está também o Céu? Seu estado, embora velado aos nossos sentidos, é um estado de glória, de triunfo, de felicidade, isento das misérias da vida. Ao comungarmos, por receber a Jesus, júbilo e glória do Paraíso, recebemos igualmente o Céu. Que honra para o súdito hospedar o rei! Saibamos nós também nos glorificar por hospedarmos o Rei Celestial! Jesus dá-se-nos a fim de manter viva em nós a lembrança da verdadeira pátria e de não nos deixar desfalecer ao nela pensar, entregues aos suspiros ou ao tédio. Dá-se e permanece corporalmente em nossos corações enquanto subsistirem as espécies sacramentais. Uma vez destruídas estas, volve Ele novamente ao Céu, mas permanece em nós pela sua graça e por sua presença amorosa. E por que é tão rápida sua visita? Porque a condição indispensável à sua presença corporal está na integridade das Santas Espécies.

Jesus, vindo em nós, traz consigo os frutos e as flores do Paraíso. E quais são estas? Ignoro. Não as podemos ver, mas sentimos o seu suave perfume. Traz também seus méritos que glorificou, sua espada que venceu a Satanás, suas armas que põe à nossa disposição, seus méritos que acrescentaremos aos nossos para que frutifiquem. A Eucaristia é a escada, não de Jacó, mas de Jesus, que, subindo e descendo continuamente por nós, se move incessantemente em nossa direção.

II

Examinemos agora, de modo particular, os bens celestes que nos vêm com Jesus quando o recebemos.

Em primeiro lugar, a glória. Verdade é que a glória dos Santos e dos Bem-aventurados é uma flor que só desabrocha ao sol do Paraíso, sob o Olhar Divino, glória resplandecente que não nos é dada na terra, pois nos tornaria objetos de adoração. Mas recebemos o gérmen oculto, que a contém toda inteira, qual a semente que contém a espiga. A Eucaristia deposita em nós o fermento da ressurreição, a causa de uma glória especial e mais brilhante que, semeada na carne corruptível, brotará sobre nosso corpo ressuscitado e imortal.

Em segundo lugar, a felicidade. Nossa alma, ao entrar no Céu, ver-se-á em plena posse da felicidade do próprio Deus, sem receio de perdê-la, ou de vê-la diminuir. E, na Comunhão, não recebeis alguma parcela dessa real felicidade? Não nos é dada em sua totalidade, pois então esquecer-nos-íamos do Céu. Mas quanta paz, quanta doce alegria, não acompanha a Comunhão! Quanto mais a alma se desapegar das afeições terrenas, tanto mais há de fruir dessa felicidade ao ponto de se ressentir dela o próprio corpo.

Em terceiro lugar, o poder. Ora, quem comunga, ansioso por unir-se a Jesus, não tem mais senão um supremo desprezo por tudo quanto é indigno de suas afeições divinizadas. Domina tudo o que é terrestre. E nisto está o verdadeiro poder. É então que a Comunhão eleva a alma a Deus. A oração se define como sendo ascensão da alma a Deus. E comparada à Comunhão, que será a oração? Quão longe está tal ascensão de pensamentos e de desejos da ascensão sacramental em que Jesus nos eleva consigo até o regaço divino!

A águia, para ensinar os filhotes a voar nas alturas, apresenta-lhes a comida e conserva-se muito acima deles elevando-se sempre mais à medida que se aproximam, até fazê-los subir insensivelmente aos astros.

Assim também Jesus, Águia divina, vem ao nosso encontro, trazendo-nos o alimento de que carecemos para logo em seguida elevar-se, convidando-nos a seguir-lhe o vôo. Enche-nos de doçura para nos fazer desejar a felicidade celestial e amansa-nos com a idéia do Céu.

Já não notastes que, ao possuir a Jesus no coração, desejais o Paraíso e desprezais tudo o mais? Ser-vos-ia suave morrer sem demora para mais rapidamente unir-vos perenemente a Deus. Quem raramente comunga, não pode desejar vivamente a Deus e receia morrer, pensamento que em si se justifica. Mas se vos fosse dado a certeza de subir logo ao Céu, não havíeis de querer permanecer um instante sequer na terra, pois num instante, no Céu, testemunhareis a Deus maior amor e o glorificareis de modo mais perfeito do que durante a mais longa das vidas.

Na Comunhão temos, portanto, a preparação para o Céu, e quão grande é a graça de morrer depois de ter recebido o Santo Viático! Sei que a contrição perfeita nos justifica e nos abre o Céu, mas quão melhor deve ser partir em companhia de Jesus e ser julgado pela sua Caridade, preso que estamos, por assim dizer, ao Sacramento do Amor! E por esse motivo manda a Igreja que seus sacerdotes administrem o Santo Viático mesmo no último momento, ao penitente bem disposto, embora tivesse perdido os sentidos, porquanto essa boa mãe quer que seus filhos partam bem reconfortados para tão terrível viagem.

Peçamos muitas vezes essa Graça para nós. O Santo Viático, recebido ao morrer, será o penhor de nossa felicidade eterna! Assegura-nos São João Crisóstomo, no livro do Sacerdócio, que os Anjos aguardam as almas daqueles que acabam de comungar ao separarem-se do corpo, cercando-as e acompanhando-as, por causa desse divino Sacramento, qual satélites, até os pés do Trono de Deus.

A transfiguração eucarística

"Et transfiguratus est ante eos." "Jesus transfigurou-se diante deles" (Mt 17,2).

I

Bela é a festa da Transfiguração de Nosso Senhor no Tabor. Passemos a considerá-la nas suas relações com a Transubstanciação eucarística. Todos os Mistérios tendem à Eucaristia, todos se relacionam à Eucaristia, que a todos completa. Cabe à graça descobrir o que neles há de eucarístico para alimentar a devoção para com o Santíssimo Sacramento.

Ora, Nosso Senhor, escolhendo a três discípulos, com eles se dirigiu ao topo de um monte a fim de lhes manifestar sua Glória, ocultada na humilhação da sua Carne. Ia prepará-los para o escândalo de sua Paixão, mostrando-lhes quem, na verdade, era.

A Eucaristia foi instituída numa montanha, a de Sião, que se tornou bem mais célebre que a do Tabor. Jesus amava as montanhas e nelas realizou diversos atos importantes de sua Vida. Os baixios não lhe agradam, pois são regiões miasmáticas e insalubres. A terra é para quem rasteja. Ele, portanto, eleva as almas a quem dedica particular Amor, atraindo-as a si. A segunda transfiguração, que se realiza em presença dos Apóstolos reunidos, além de exceder a primeira em delicadeza, é também muito mais durável. A primeira teve lugar ao ar livre, porque a glória precisa expandir-se, mas a segunda, toda de Amor, passa-se em segredo, toda concentrada a fim de adquirir maior força. Quem quer testemunhar afeição ao amigo, dá-lhe um apertado abraço. A Caridade, cheia de zelo, dilata-se para presentear e beneficiar o maior número possível de almas. O amor do coração concentra-se, entrincheira-se, a fim de se fortificar. Congregam-se-lhes os raios para fazer a lente, qual o óptico que trabalha o vidro a fim de atrair num só ponto todo o calor e toda a luz dos raios solares. Nosso Senhor comprime-se também na partícula sagrada. E, como o contato entre o foco ardente duma lente e materiais inflamáveis provoca o incêndio, assim também a Eucaristia chameja sobre aqueles que dela participam, abrasando-os num fogo divino.

No Tabor, Jesus, orando, transfigura-se e, transfigurando-se na Glória, mostra-nos que seu Corpo, embora fraco, é o Corpo de um Deus. Suas vestes tornam-se alvas qual neve; sua Face resplandece qual o sol, cujo brilho não podemos sequer tolerar. Tal transfiguração opera-se, portanto, de dentro para fora. É Jesus Cristo que deixa escapar um raio de sua Glória, retido em si por perpétuo milagre.

Mas Jesus não veio para dar-nos lições de glória e por isso a visão do Tabor passa prontamente, dura apenas um instante. A transfiguração sacramental opera-se de fora para dentro. E enquanto no Tabor Jesus rompera o véu que ocultava sua Divindade, aqui comprime sua própria Humanidade, transfigurando-a numa aparência de Pão, ao ponto de não parecer mais nem Deus nem homem e não agir mais de todo exteriormente. Amortalha-se, e as espécies tornam-se o túmulo de suas potências. Sua Humanidade tão boa, tão bela, é velada por sua humildade. Parece tornar-se o sujeito dos acidentes, tão intimamente lhes está unido. O pão e o vinho foram mudados no Corpo e no Sangue do Filho de Deus. Podeis vê-lo nessa transfiguração de Amor e de humildade? Embora oculto pela nuvem, sabemos que o sol existe. Jesus é sempre Deus e Homem perfeito, embora velado pela nuvem do pão e do vinho. E se no primeiro milagre tudo se revestiu de glória, aqui tudo se reveste de suavidade. Aí está com todos os seus dons, ainda que não o possamos nem ver, nem apalpar. O amor, a graça e a fé — pois a alma vê pela fé —, rompendo os véus, reconhece-lhe os traços. Crer na verdade, por si, já é ver.

Agradável nos seria fitar a Jesus no Sacramento com olhos corporais. Mas, se os próprios Apóstolos não puderam suportar o brilho de um só raio da sua Glória, que seria de nós? O amor só sabe transfigurar-se em bondade, humilhando-se, encolhendo-se, aniquilando-se. E onde será maior, no Calvário ou no Tabor? Confrontando-os, verificaremos qual dos dois converteu o mundo. O amor rejeita a glória, oculta-a e desce. Assim fez o Verbo ao encarnar-se; assim fez no Calvário; assim faz de modo mais profundo ainda na Eucaristia. Em vez de lamentarnos, deveríamos antes, agradecer a Nosso Senhor não repetir o seu Tabor. Enquanto os Apóstolos, trêmulos, jaziam por terra, qualquer uma das palavras saídas da boca de Deus os poderia ter consumido. Eles mal ousavam dirigir-se a Nosso Senhor! Aqui, porém, falamos-lhe sem receio algum, porque podemos chegar nosso coração ao dele e sentir-lhe o Amor!

E não nos haveria a glória de inebriar? Vede São Pedro divagar, perder o bom senso, esquecer-se dos seus deveres. Fala de repouso, de felicidade, enquanto Nosso Senhor se entretém em seus sofrimentos e sua Morte.

Se Nosso Senhor vos manifestasse sua Glória, não mais vos havíeis de querer separar dele, pois tudo nos seria tão agradável. Preciso foi que o Pai Celeste desse uma lição a São Pedro e lhe lembrasse que Jesus era seu Filho, a quem se devia seguir por toda a parte — até a Morte. A educação, envolta toda de felicidade, não é nem séria, nem sólida. Tampouco terá um coração generoso a criança que crescer cercada de demasiada afeição. É por isso que a transfiguração eucarística se opera no segredo e na humilhação, e não na alegria e na glória — esta virá futuramente.

Não vemos nem Moisés, nem Elias, estranhos que são a tudo o que aqui se passa, não lhes cabendo parte alguma na Eucaristia. Mas aos doze Apóstolos, legisladores e profetas futuros da nova raça de Deus, a estes, sim, cabe um lugar. A Santíssima Trindade, presente aí, opera, porém invisivelmente. Legiões de Anjos adoram o Verbo de Deus, reduzido a um estado tão próximo do nada. Todos nós aí estávamos, e Jesus consagrou nossas Hóstias na sua Vontade e Presciência. Contou-as, uma por uma, e mandou que nós vo-las déssemos.

Agora, vede como a prece de um coração simples e reto é sempre ouvida, embora nem sempre do modo desejado. Pedro pedira para permanecer na montanha. Jesus lhe recusara... ou antes adiara apenas a graça implorada. É na Eucaristia que Jesus Cristo, firmando novamente sua tenda para sempre em nosso meio, nos permitiu habitar com Ele nos seu Tabor eucarístico. Ah! não é uma tenda que se desarma e transporta do dia para a noite. Temos muito mais do que pedia São Pedro. Quanto a vós, meus irmãos, se o vedes tão-somente de passagem, vede-o, no entanto, diariamente. E tendo fixado vossa morada ao pé da Igreja do Santíssimo Sacramento, ressentis a doce influência de sua vizinhança.

"Domine, bonum est nos hic esse!" Ah! Senhor, quão bom é estarmos aqui! Bem sabeis chegar-vos a Ele na tristeza, na dor. É sempre o bom Samaritano, que vos abre o coração, vos espera, vos trata, não quais estranhos, mas quais amigos, quais amigos da mesma família.

Não nos disse o Pai Celeste: "Eis aí meu Filho bemamado?" E deu-no-lo por incompreensível Amor. Deu-no-lo — e Jesus se deu ao mesmo tempo — em Belém, no Calvário, e , sobretudo e para sempre, no Cenáculo! O Pai gera-o cada dia e no-lo dá a cada qual. Ah! sejamos atentos à sua voz!

Seja-nos, pois, muito querida a bela festa da Transfiguração. É toda eucarística. Aproximai-vos dessa montanha bendita onde Jesus se transfigura, mas nela não procureis a felicidade sensível, nem a glória, mas as lições de santidade que Ele vos dá pelo seu aniquilamento. Aproximai-vos e por vosso amor, vossa abnegação própria, transfigurai-vos em Jesus Cristo Sacramentado, aguardando vossa transfiguração em Jesus Cristo glorioso no Céu.

São João Batista

"Illum opertet crescere, me autem minui."   "É preciso que Jesus cresça e que eu diminua" (Jo 3,30).

Devemos honrar a São João Batista como o modelo perfeito dos adoradores. Essas suas belas palavras são a máxima da dedicação e do serviço eucarísticos: Que o Santíssimo Sacramento cresça, seja conhecido e amado enquanto nós nos aniquilamos aos seus pés! Ora, vede como São João, nos principais atos de sua vida, é o modelo dos adoradores. Sua vida parece não ter sido outra coisa senão uma longa adoração, e nela encontramos os caracteres, que constituem o melhor modo de adorar, isto é, pelos quatro fins do Sacrifício.

I

ADORAÇÃO. Prostramo-nos por terra, a cabeça abaixada, para fazer adoração. É o primeiro movimento pelo qual reconhecemos, através do véu eucarístico, a Infinita Majestade de Deus, nele oculta. Em seguida vem a exaltação de sua Grandeza e de seu Amor.

Ora, a primeira graça de São João é uma graça de adoração. O Verbo, no seio da Mãe, inspira-lhe visitar Isabel, e Maria leva a João, seu Mestre e seu Rei. Jesus Cristo irá a ele, impossibilitado de empreender semelhante viagem pela idade avançada da mãe. E o mesmo fará para nós. Não podíamos ir a Deus, então Deus veio a nós.

Maria, ao saudar Isabel, desata o Poder do seu divino Filho. Ainda hoje, Jesus está ligado e nada quer fazer sem Maria, por cuja boca falou o Verbo Encarnado, fazendo João estremecer no seio materno, e revelar à sua mãe o Mistério da Presença de Deus em Maria, pois é João quem lho faz compreender, segundo as palavras de Isabel à Virgem Mãe: *"Exultavit infans in utero meo"*. Assim, desde então, João torna-se o precursor. Vê seu Deus. Adora-o pelos seus estremecimentos, e toda a alegria que sente ao saber-se em sua Presença, transborda sobre sua Mãe.

Quão bom foi Nosso Senhor para com João, a quem quis abençoar e revelar-se quando ainda no seio virginal! Quanto prazer lhe deve ter causado a adoração, toda espontânea, do seu precursor!

Jesus permaneceu três meses com João, ambos ocultos no tabernáculo materno. João adorava constantemente ao seu Deus, sentindo sua Presença através do véu. Uni-vos a essa adoração de São João, tão boa, tão viva, tão sensível apesar dos véus e das barreiras que O separavam de Nosso Senhor. *"Senseras Regem thalamo manentem."*

II

AÇÃO DE GRAÇAS. A ação de graças descansa na Bondade e no Amor de Jesus Cristo, vendo apenas os dons, os benefícios; humilha-se para exaltar o benfeitor, regozijando-se tanto por si mesma como pelos benefícios e graças concedidos a outrem e à Igreja toda. E tal sentimento facilita o desabrochar do coração.

Ora, no Jordão, manifesta João claramente o duplo sentimento de alegria e de reconhecimento. Vede, em primeiro lugar, o favor que lhe concede Nosso Senhor, pois a ação de graças resulta sempre de um benefício recebido e descansa na humildade. Ora, João vai batizar Nosso Senhor, a quem ainda nunca avistara. O Pai Celeste lhe prometera um sinal pelo qual o havia de reconhecer. Jesus apresenta-se no meio dos pecadores que aguardavam o batismo de João e ouviam-lhe as duras exortações à penitência. Jesus, Rei, Filho de Deus, espera sua vez ao lado dos publicanos e dos soldados. Não goza de nenhum privilégio, nenhuma regalia. Notai-o bem, vós adoradores, e não ambicioneis outro protetor que Nosso Senhor! São João lança-se aos pés de Jesus Cristo: "Vós, Senhor, vos chegardes a mim? Sou eu quem devo ser batizado por vós!" *"Ego debeo a te baptizari, et tu venis ad me?"* Eis a humildade, a verdade! Os Santos nunca se julgam perfeitos. João — e quanta delicadeza nestas palavras — não se refere ao seu ministério, pois isto lhe valeria erguer-se um pequeno trono, o que se dispensa em presença de Nosso Senhor, mas sim à sua pessoa. *"Venis ad me."* Vinde a mim, e não, vindes ao meu batismo.

E Jesus Cristo lhe responde: "Fazei segundo a palavra de meu Pai". Então qual homem verdadeiramente humilde, João obedece e batiza-o. A humildade débil teria alegado um sem-número de razões. João, porém, obedece. E quando Nosso Senhor se retira, em vez de segui-lo, permanece no seu posto de obediência. Ah! que humildade!

Vede agora como devolve a Nosso Senhor toda glória e honra inerentes à sublime função que acaba de exercer. Seus discípulos bajuladores, que se querem aproveitar da glória do mestre, chamam sua atenção para o fato de todo o mundo seguir a Jesus. "Ah! que prazer para mim", responde São João. O amigo conserva-se ao lado do esposo, postado em frente daquele a quem unicamente cabe servir. A esposa, porém, é só para o esposo, e as almas só para Jesus Cristo. João regozija-se ao ver o Esposo divino encontrar tantas esposas. "Grande é minha alegria por vê-lo crescer. É preciso que Ele cresça e que eu diminua."

Para ele nada. Para Jesus tudo. Devemos visar fazer crescer a Nosso Senhor. Que pena não lhe podermos erguer um trono em todos os corações! Então nós nos prostramos, nos diminuímos e colocamos a Nosso Senhor no seu trono. *"Oportet illum crescere."* Tal idéia, na prática, nos levará longe. Por enquanto nada somos, mas talvez um dia surjam, por entre os adoradores, homens de mérito. Não vos enalteçais por causa dos vossos talentos. Ah! então lhes diremos: "Cuidado! Não andeis nas pontas dos pés, mais abaixai-vos e deixai que o Mestre tão-somente apareça!" Quão bela é nossa vocação, quão elevado seu fim! Aos olhos estranhos, possuiremos todas as virtudes, porque de fato, para sermos dignos da nossa vocação, a todas deveríamos possuir. Ai daquele que quiser ficar em pé em Presença de Nosso Senhor! Ajoelhai-vos, prostrai-vos! *"Oportet illum crescere, me autem minui."*

Quão bela ação de graças da alma que aceita os benefícios de Deus, enquanto reconhece que nenhuma parte lhe cabe e devolve a Deus toda a glória.

III

PROPICIAÇÃO OU REPARAÇÃO. A propiciação consiste em reparar a Nosso Senhor, em consolá-lo, e nisto larga é a parte que nos compete a nós, adoradores. Devemos ser reparadores, mediadores, penitentes pelos pecados dos homens. O mundo é tão ruim que, infelizmente, há quase mais a reparar que a agradecer!

Ora, João é reparador ao exclamar: *"Ecce Agnus Dei! Ecce qui tollit peccata mundi"*. Eis o Cordeiro de Deus. Eis aquele que tira os pecados do mundo. E então prega, mostrando a Vítima reparadora. E, ao ver a indiferença dos homens para com o Salvador, chora e geme. Ouçamo-lhe os gemidos: *"Medius vestrum stetit quem vos nescitis"*. No vosso meio há um a quem vos recusais a conhecer. Geme ao ver que os grandes, os sábios, se recusam a seguir a Jesus Cristo, cercado apenas de alguns pobres miseráveis. Faz-lhe pública confissão de delito, adora-o qual Vítima. Exalta-o por aquele que o desprezam: "Mas eu não sou digno sequer de desatar-lhe a correia da sandália". Quão bem o sabe vingar dos desprezos!

IV

SÚPLICA OU ORAÇÃO. Por ter tido coragem de repreender ao Rei culpado, João fora encarcerado. Triste é a condição de quem vive junto aos reis, pois quem ousa falar-lhes franca e sinceramente? Os discípulos vinham ver a João, mas não criam ainda em Jesus Cristo. Ele vai se esforçar por todos os meios para obter-lhes a conversão. Eis aí o verdadeiro apostolado: trazer as almas a Jesus Cristo, afeiçoá-las a Ele tão-somente, sem pensar em si. João roga, portanto, a Nosso Senhor que as receba. Envia-lhas, a fim de que, vendo sua Bondade e seu Poder, se convertam. Jesus Cristo opera em sua presença os maiores prodígios — mas mesmo assim não o adoram! Ah! quão estúpido se torna o coração humano impregnado de preconceitos. Se Jesus crescer, diz-lhes a inveja, João não será mais nada, e repugna-lhes desaparecer com ele. Eles têm um orgulho de casta, de sociedade; vivem da glória que cerca o mestre!

A visita ao Salvador pôs-lhes todavia no coração uma graça de fé, que depois da Morte de São João levou-os a procurar Nosso Senhor. Deveram sua conversão às orações de São João.

Belo tipo de adorador! Amai a São João, tão amado de Jesus, que chorou a Morte desse primo, amigo e primeiro adorador. Adorai, reparai com ele. Sabei sacrificar-vos com ele pela glória de Nosso Senhor. João morreu mártir dos crimes de um rei, crimes esses que provocam terrivelmente a Cólera Divina. Lembrai-vos sempre destas palavras, máxima da santidade e do serviço eucarístico: *"Illum oportet crescere, me autem minui"*. Que Jesus-Hóstia seja exaltado, e eu aniquilado!

Santa Maria Madalena

"Jesus diligebat Mariam."   "Jesus amava Maria Madalena" (Jo 11,5).

Santa Maria Madalena foi a amiga privilegiada de Jesus, cuja Santa Humanidade honrou magnificamente. Ela servia-o com seus bens, acompanhava-o por toda a parte, gostava de rezar aos seus pés, no silêncio da contemplação. Merece ser, por tantos títulos, a padroeira e o modelo de Vida de Adoração e do serviço de Jesus no Sacramento do seu Amor. Estudemo-la. Sua vida está repleta dos mais elevados ensinamentos.

I

Jesus amava Marta, Maria Madalena, sua irmã, e Lázaro. Amava — é certo — os três, mas amava sobretudo Madalena, por quem tinha amizade de preferência.

Nosso Senhor ama-nos a todos nós, mas tem seus amigos mais chegados e nos permite também a nós tê-los nele. A natureza, a própria graça pedem-nos. Todos os Santos tiveram amigos queridos e todos deram provas de amizade terna e dedicada.

Madalena, antes de sua conversão, era uma grande pecadora. Tinha os dotes de corpo e de espírito e os bens da fortuna que levam aos maiores excessos. Deixou-se ir... O Evangelho rebaixa-a até chamá-la de pecadora pública. Esta mulher chegou a tal ponto de degradação que, para Simão, o Fariseu, é uma desonra entrar ela em sua casa. E porque Jesus a tolera aos seus Pés, chega ele a duvidar de sua luz profética.

Mas esta pobre pecadora vai elevar-se, pelo perdão, no molde dos maiores Santos. Examinemos este trabalho interior.

II

O respeito humano é o fator principal que, tolhendo os movimentos dos grandes pecadores, impede-lhes a conversão. "Não hei de perseverar no bem; portanto não ouso empreender uma coisa que não levarei a termo." E param, desanimados.

Madalena vem a saber que Jesus está em casa de Simão. Então não hesita. Ousa penetrar numa casa, donde a teriam vergonhosamente expulsado se a tivessem reconhecido à entrada. Mas, aos Pés de Jesus, se as palavras não lhe vêm, seu amor fala eloqüentemente. Os pintores representam-na com os cabelos e as vestes em desordem. Tal modo de se apresentar não teria sido digno nem do seu arrependimento, nem de Jesus.

Dirige-se logo ao Mestre, sem receio de se enganar. E como o reconhece ela? Ah! o coração dolorido bem sabe descobrir a quem o irá consolar e sarar!

Madalena não ousa fitar os olhos em Jesus, nem sequer abrir a boca — sinais característicos da verdadeira contrição. Reparai no filho pródigo e no publicano. Fitar o Deus a quem se ofendeu, é insultá-lo. Mas Madalena chora e enxuga com seus cabelos os Pés de Jesus, molhados com suas lágrimas. O lugar que lhe compete não é outro que aos Pés de Jesus. Os Pés calcam a terra e ela nada é senão poeira de cadáver. Como de um vil trapo, serve-se de seus cabelos — vaidade que o mundo adora — e conserva-se prostrada à espera da sentença. Ouve os colóquios dos invejosos, tanto dos Apóstolos como dos Judeus, que só sabiam honrar a virtude já coroada e triunfante. Não gostam de Madalena, que lhes dá a todos uma bela lição, pois todos tinham pecado e nenhum tinha a coragem necessária para pedir publicamente perdão. O próprio Simão, todo cheio de hipocrisia e de orgulho, indigna-se! Mas Jesus, vingando a Madalena, exclama — belas palavras de reabilitação! —: "Muito lhe foi perdoado, porque muito amou!" E acrescenta: "Vai em paz, tua fé te salvou". A ela não dirá o que disse à mulher adúltera, mais humilhada, por ter sido surpreendida no crime, que arrependida por ter ofendido a Deus: "Não peques mais!" Madalena não precisa de semelhante recomendação. Seu amor é a garantia do seu firme propósito. Bela e tocante absolvição!

Ah! quão perfeita é sua contrição! Uni-vos a ela ao confessar-vos e que vosso arrependimento, semelhante ao dela, resulte antes do amor que do receio.

Madalena retirou-se com o batismo de amor. Pela sua humildade excedeu em perfeição aos próprios Apóstolos. Ah! tereis coragem, depois de tal exemplo, de desprezar os pecadores? De um momento para outro podem tornar-se grandes Santos. A quantos, entre os maiores, não foi

Jesus Cristo buscar na lama do pecado? São Paulo, Santo Agostinho e quantos mais! Madalena abre-lhes o caminho. Subiu até o Coração de Deus, porque partiu de muito baixo e soube humilhar-se. Haverá alguém, depois disso, que se entregue ao desespero?

III

Em seguida à conversão, enceta Madalena a prática do amor ativo, dando-nos uma grande lição, pois muitos convertidos nunca passam adiante. Contentam-se com a paz suave da boa consciência e a prática dos mandamentos e, não ousando seguir a Jesus, acabam novamente por cair. O homem não vive de lágrimas e de saudades. Já quebrastes os objetos aos quais vosso coração tanto apego tinha, que eram toda a vossa vida. Agora urge substituí-los e viver a Vida de Deus. Quereis ficar junto a Jesus? Ele se levanta, levantai-vos também e acompanhai-o. Madalena seguirá, pois, a Jesus e jamais dele se há de separar. Encontrá-la-eis novamente a seus pés, a ouvir sua palavra, a meditá-la no coração. É sua graça de vida. Outras palavras não tem que a oração, a prece e o amor. Segue, portanto, a Jesus, praticando as virtudes de seus diversos estados. A conversão firmada apenas no sentimento não é durável. Madalena compartilhará dos diversos estados de Jesus.

Nas excursões evangélicas de Jesus lhe adquirirá o necessário à sua subsistência e à dos Apóstolos. Jesus virá muitas vezes comer em casa dos anfitriões de Betânia e lhes dará em troca um alimento de Graça e de Amor. Cada vez Madalena se chegará a Ele, e de joelhos se conservará em oração — o que despertará ciúmes em Marta. Assim fazem aqueles que julgam não haver senão um só estado que seja bom ou uma só maneira de viver bem. Todos são bons, e bom também é o vosso. Guardai-o, porém, sem menosprezar os outros. Marta, trabalhando para Jesus, procedia bem. Procedeu mal ao ter ciúmes da irmã. Conheceis a resposta que Jesus lhe deu, defendendo Madalena. "Melhor é ouvir-lhe a voz que o nutrir." Defende igualmente as vocações contemplativas, contra as quais se levantam as queixas das vocações ativas! "Sois inúteis! Vinde trabalhar conosco por Caridade na salvação dos vossos irmãos." Não será também preciso exercer a Caridade para com Jesus Cristo pobre e abandonado no seu Sacramento? Madalena ouve o diálogo, as queixas, mas não responde. Sente-se bem aos pés do Salvador e aí permanece.

Outro característico do amor ativo de Madalena é o sofrimento. Sofre com Jesus Cristo. Conheceu, com certeza, antecipadamente, a Morte do seu Mestre, pois a amizade não tem segredos e, se Jesus a revelou aos seus Apóstolos, tão grosseiros, tê-lo-ia ocultado a Madalena?

Vede-a no seu amor sofredor. Vai aonde os homens não ousam ir. Sobe até o Calvário. Abandona sua família, que lhe era muito cara. Segue a Jesus Cristo sofrendo, até o fim, e encontrá-la-emos junto a Maria aos pés da Cruz. O Evangelho nomeia-a bem merecidamente. Que faz ela aí? Ama e se compadece. Quem ama quer compartilhar das alegrias e das dores do amigo. O amor, de duas vidas, de duas existências, faz uma só vida, uma só existência. Madalena, por lembrar-se que foi pecadora, sabe que seu lugar não é em pé, mas sim de joelhos.

Só Maria permanece em pé, imolando seu querido Filho, seu Isaac.

Madalena só se afasta depois de consumada a Morte de Jesus; e logo ao raiar do primeiro dia da semana, hei-la novamente aí. Bem sabe que Jesus jaz no túmulo, mas quer ainda sofrer e chorar. E o Evangelho, enquanto louva o zelo e a magnificência dos presentes das outras mulheres, só fala das lágrimas de Madalena. É a heroína cristã! Mais que todos os Santos, Madalena nos patenteia a Imensidade da Misericórdia Divina.

IV

Depois da Ascensão, porém, o Livro Sagrado não se refere mais a ela. Uma tradição constante e venerável mostra-nos os judeus embarcando Madalena, Marta e Lázaro numa nave desmastreada e lançando-a à mercê das ondas, certos de que haviam de perecer. Mas o Amigo de outrora ama-os sempre. Jesus constitui-se seu piloto e seu leme. Condu-los até Marselha e dá-os aos franceses, seus amigos, os primogênitos de sua raça.

Lázaro morrerá mártir. Seu sangue, regando a bela terra da Provença, fecundará a fé. Marta irá até Tarascon e, reunindo em torno de si uma comunidade de virgens, exercerá a Caridade do corpo e do espírito no país circunvizinho.

Madalena retira-se numa montanha, como para assim se aproximar mais de Deus. Encontra uma gruta, talhada talvez por mãos angélicas. Mas dentro em breve, crescendo o número de visitantes e faltando-lhe tempo para conversar com seu bom Mestre, subirá mais alto ainda, fixando sua morada num pico fragoso, onde acabará sua vida, a entreter-se a sós com Deus. Aí rezava e continuava em sua vida os Mistérios de Jesus Cristo, que não deixava de visitá-la enquanto os sacerdotes cristãos lhe traziam a Santa Comunhão. São Maximino, um dos setenta Discípulos do Salvador em Vida, comungou-a das duas mãos quando estava por expirar. Madalena acompanhara a Jesus morrendo, e Ele, doce Salvador, prestou-lhe o mesmo serviço e concedeu-lhe a mesma honra.

Morreu na França — e disso se ufanam os franceses que, possuindo suas santas relíquias, possuem uma das provas mais fortes do Amor de Jesus Cristo para com sua pátria, a quem enviou seus amigos que aí permanecem. É de esperar que a França encontre nas orações e nos méritos de Madalena um título à Misericórdia Divina, imitando seu arrependimento e seu amor por Jesus Cristo, que nela vive, que habita suas cidades e suas vilas, por mais obscuras. Sim, Jesus Cristo ama a França, como amava Madalena e a família de Betânia, com Amor de predileção.

O Mês do Santíssimo Sacramento

"Mensis ista, vobis principium mensium."   "Este mês será para vós o primeiro de todos os meses" (Ex 12,2).

Grande número de almas piedosas consagram o mês de junho ao culto do Sagrado Coração de Jesus, chamado, por este motivo, Mês do Sagrado Coração.

Nós queremos consagrá-lo ao Santíssimo Sacramento, e o nome de mês do Santíssimo Sacramento parece-me mais apropriado do que o outro. Se ambas as festas, a do Sagrado Coração e a do Santíssimo Sacramento, caem, em geral, nesse mês, esta é mais solene, e muito mais antiga. A nós deve também ser mais cara.

Honra-se, e com toda a razão, o Sagrado Coração como a sede do Infinito Amor de Jesus Cristo. Mas as almas eucarísticas saberão honrá-lo no Santíssimo sacramento. Pois onde está o Coração de Jesus, a não ser na Eucaristia e no Céu?

Muitos, honrando-o nas imagens, fazem delas o objeto de sua devoção. Tal culto é bom, mas é todo relativo. Devemos passar além da imagem e assim encontrar a realidade. Ora, no Santíssimo Sacramento está o Sagrado Coração cheio de Vida, palpitando por nós. Façamos, por conseguinte, desse Coração vivo e animado, nosso centro, nossa vida. Saibamos honrar o Coração divino na Eucaristia, e nunca o separemos dela.

I

No correr do ano, diversos meses são consagrados a devoções particulares, devoções estas que se prolongam por trinta dias. O mês de Maria nada é senão uma longa festa em honra da Santíssima Virgem. Nele honram-se todas as suas virtudes, todos os Mistérios de sua Vida; nele alcança-se sempre uma nova graça. O mesmo poderemos dizer de São José. Não tarda o dia em que cada devoção capital tenha seu mês, para melhor se exercer. Está muito bem; é coisa excelente, de grande importância à piedade católica.

A devoção dum mês inteiro, abrangendo todo o seu objeto, considera-o sob seus multíplices aspectos e nos proporciona a este respeito um conhecimento verdadeiro e profundo. Por meditações, diariamente renovadas, por certa unidade de conjunto entre os atos, as virtudes e as orações, todos visando a um mesmo objeto, chegamos a adquirir uma devoção real e sólida para com o mistério honrado no mês. Se o pensamento for um e concentrado, será forte e completo.

E nossa devoção precisa se tornar robusta e compacta, tendendo a um único fim. Por que não chegam as almas piedosas, em maior número, a uma santidade notável? Porque estando suas devoções divididas, o espírito de piedade não encontra um alimento que as sustente e as faça progredir. Não sabem organizar um corpo de doutrina.

Sabeis que frutos produzem as missões nas paróquias até então surdas às exortações mais prementes, aos exemplos mais heróicos dos seus pastores. É porque as missões são apenas uma série ininterrupta de exercícios multiplicados. Compreendem todos os meios aptos a sensibilizar os corações, a impressionar as imaginações, a obrigar a reflexão séria. Uma missão é uma torrente composta de todos os meios de salvação reunidos. Surpreender-vos-á vê-la triunfar dos corações os mais duros?

Quando nossos pensamentos e nossas devoções se juntarem e se concentrarem num só objeto, levar-nos-ão à mais alta virtude e vencerão qualquer obstáculo. Seja, portanto, nossa devoção concentrada e constante. Diz-se que para corrigir um mau hábito, um vício enraizado, é preciso começar por observar-se, por lutar contra si mesmo durante certo tempo, antes de tomar o vôo em direção à virtude oposta. Uma vez, porém, em movimento, a ascensão será rápida.

O mesmo se dará em relação ao assunto que nos prende. Levar-nos-á algum tempo para chegarmos a amar com amor forte e inteligente a devoção ao Santíssimo Sacramento, mãe e rainha de todas as demais, sol da piedade. A devoção a Maria, boa e excelente, deve tender a se relacionar à devoção para com a Eucaristia, uma vez que Maria mesma se relaciona toda inteira a Jesus Cristo. A Sagrada Escritura compara-a à lua que recebe toda a luz do sol e lha devolve em sua inteireza.

Pois bem, já que o Mês de Maria opera tantas conversões, produz tão grande bem nas almas, e obtém graças de toda espécie, quanto fruto não produzirá o Mês do

Santíssimo Sacramento, uma vez que são as virtudes, os sacrifícios, a própria Pessoa de Jesus-Eucaristia a quem honrais? E se sabeis formar unidade entre as leituras, as aspirações e as virtudes na Eucaristia, no fim do mês alcançareis alguma grande vitória sobre vós mesmos. Vosso amor, tendo aumentado, vossa graça se terá fortificado.

Disse o Senhor que quem lhe comesse a Carne e lhe bebesse o Sangue, teria a Vida em si. Que será então se completardes vossa Comunhão sacramental, por uma comunhão contínua de trinta dias, dedicadas ao seu Amor, às suas Virtudes, à sua Santidade, à sua Vida no Santíssimo Sacramento? Nisto consiste a unidade e sem isto, embora tenhais bons pensamentos, jamais tereis princípio de vida. A chuva forte, mas rápida, toca de leve a terra; mas a chuva fina e prolongada penetra e fecunda-a. A idéia eucarística, entretida seguidamente, se tornará uma fonte abundante que fecundará vossas virtudes, uma força divina que vos fará voar na via da santidade. Asseguro-vos, baseado na pura razão e na filosofia natural, que, se vos exercitardes durante um mês numa mesma matéria, vosso espírito acabará por adquirir-lhe o hábito.

Não receeis que tal concentração em volta de um mesmo Mistério limite vosso horizonte. A Eucaristia encerra todos os Mistérios, todas as virtudes e oferece-vos o meio de reavivá-las e considerá-las no seu objeto, vivo e animado, presente aos vossos olhares, o que facilita singularmente a meditação. Pois vedes a Jesus na Eucaristia, vedes sua veste sacramental e vossos próprios sentidos vos dizem que Ele aí está. A Hóstia fala-vos, fixa vosso olhar e apresenta-vos Nosso Senhor de modo sensível.

Seja este, portanto, para vós um mês de júbilo, em que vivereis na intimidade de Jesus. Bem sabeis que sua conversação jamais vos enfadará. *"Non habet amaritudinem conversatio illius."* Que Ele vos permita dar um passo de gigante no caminho da santidade!

II

Como deveis passá-lo, para melhor dele vos aproveitar?

É preciso, primeiro, ter um livro sobre o Santíssimo Sacramento, para fazer diariamente uma pequena leitura. Não receeis esgotar a matéria. As profundezas do Amor de Jesus são incomensuráveis. Assim Jesus-Eucaristia é o mesmo Jesus do Céu. É sempre belo, sempre novo, sempre infinito. Não receeis de ver exaurir-se esse manancial infinito. Jesus tem para nós tantas Graças, depois tanta Glória!

Tende, portanto, um livro que trate da Eucaristia. Os livros não fazem os Santos, bem sei, antes, os Santos fazem os livros. Por isso só vo-los aconselho a fim de vos instruir e despertar em vós pensamentos aptos a vos aperfeiçoar, a vos nutrir na meditação. Tomai, por exemplo, o quarto livro da *Imitação de Cristo*. É tão belo que parece escrito por um anjo! Tomai as *Visitas ao Santíssimo Sacramento*, de Santo Afonso de Liguori, que revolucionaram o mundo da piedade ao aparecerem e produziram, e ainda hoje produzem, frutos mui abundantes de salvação. E quantos mais! Tomai qualquer coisa — o que vos agradar, e deixai de lado as outras devoções neste mês. Nada perdereis ao mergulhar-vos plenamente no sol.

Visitai mais freqüente e longamente o Santíssimo Sacramento. Comungai com fervor maior. Praticai alguma virtude condizente com o estado de Jesus no Santíssimo Sacramento, seja seu silêncio, sua doçura, seja sobretudo sua Vida recolhida no Pai, seu aniquilamento. Praticai algum sacrifício particular em honra do Santíssimo Sacramento e apresentai-lhe cada dia alguma nova flor. Ele se digna deixar-vos aproximar de sua adorável Pessoa para receber a oferta das vossas mãos. Na verdade os grandes da terra não têm tantas facilidades para se verem. Não desprezemos este favor do seu Amor e este direito de filhos da família.

Resumindo, direi que, para passar bem este mês, urge fazer leituras sobre o Santíssimo Sacramento — coisa mais necessária do que se pensa. Com o livro surgirão novas idéias e sem ele sereis áridos, repetindo sempre a mesma coisa: *tanquam jumentum*. O livro em si não tem valor, mas se souberdes aproximá-lo do coração, comunicar-lhe-eis a vida. A Sagrada Escritura mesma se deverá ler com a alma — lida sem fé e sem amor, vos endurecerá, assim como endurece certos incrédulos que, no entanto, a lêem diariamente.

"Os livros não me agradam, não me bastam, porquanto não encontro neles tudo o que minha alma procura." Felizmente! Quão triste seria se os livros constituíssem toda a nossa vida e dissessem tudo. Tornar-nos-íamos então máquinas de palavras. O Salvador não permite que os livros constituam toda a nossa oração. Sua graça nos será concedida em virtude do próprio esforço, do suor do rosto. Nunca a Vida de algum Santo, fosse ele o maior da Igreja, vos havia de convir inteiramente. E por quê? Porque não sois tal Santo e tendes uma Graça pessoal, apropriada à vossa natureza; tendes personalidade própria de que não poderíeis fazer abstração completa. Lede, portanto, esperando todavia tirar maior proveito da meditação que das leituras.

"Faria bem minha adoração, minha visita, mas não posso vir à igreja durante o dia." Não vos estorve isto. O Olhar Divino, partindo do Tabernáculo, vos fitará. Nosso Senhor vos ouve. Se do Céu vê tão bem, por que não havia de ver pela Hóstia Santa?* Adorai donde estiverdes. Fareis uma boa adoração de amor e Nosso Senhor compreenderá vosso desejo.

Bem triste seria para nós se só pudéssemos ter relações com Jesus-Eucaristia nos seus templos. A luz do Sol envolve-nos e ilumina-nos, embora não recebamos diretamente seus raios. Nosso Senhor, da sua Hóstia, também saberá fazer chegar até vós alguns raios de seu Amor, raios que vos hão de aquecer e fortificar. Há correntes na ordem sobrenatural, bem como na natural.

Não vos sentis, por vezes, inopinadamente recolhidos e transportados pelo Amor? Feriu-vos um raio suave, uma corrente de Graça. Tende confiança nessas correntes, nessas relações longínquas com Jesus. Que tristeza se Jesus recebesse apenas a adoração de quem o viesse visitar na Igreja. Ah! não! Seu Olhar tudo alcança, tudo abençoa. Une-se em todo lugar àqueles que querem entrar em contato com Ele. Adorai-o de toda parte, volvendo, em espírito, ao Tabernáculo. Dirijam-se todos os vossos pensamentos a Ele nestes dias. Convirjam vossas virtudes e vosso amor a este centro divino e tal mês se tornará o mês das bênçãos e das graças.

---

* Tal opinião é sustentada por Suarez. Disput., LIII, Sect. III.

Índice

Introdução 5
Prefácio à segunda edição francesa 6

DIVINA EUCARISTIA
Diretório para a adoração

A adoração "em espírito e em verdade" 12
Diretório prático para a adoração 18
Métodos de adoração segundo os quatro fins do
    Santo Sacrifício da Missa 25
O Pater Noster 32
A instituição da Eucaristia 36
O Testamento de Jesus Cristo 40
O dom do Coração de Jesus 44
A presença real – O testemunho da Igreja 48
A presença real – Testemunho de Jesus Cristo 52
A fé na Eucaristia 56
A maravilha de Deus 60
Os sacrifícios eucarísticos de Jesus 64
A Eucaristia e a Morte do Salvador 69
A Eucaristia, necessidade do Coração de Jesus 73
A Eucaristia, necessidade do nosso coração 78
A Eucaristia e a glória de Deus 82

O Esposo divino da Igreja	86
O Deus oculto	90
O véu eucarístico	95
O mistério da fé	99
O Amor de Jesus na Eucaristia	103
O excesso de Amor	107
A Eucaristia e a família	112
A festa de família	117
O Deus de Bondade	122
O Deus dos pequenos	126
A Eucaristia, centro do coração	131
O soberano Bem	135
O Santíssimo Sacramento não é amado	140
O triunfo de Cristo pela Eucaristia	146
Deus está aqui	150
O Deus do coração	156
O Culto da Eucaristia	160
Amemos ao Santíssimo Sacramento	166
A Eucaristia, nossa via	173
O aniquilamento, característico da santidade Eucarística	179
Jesus, manso e humilde de Coração	192
Jesus, modelo de pobreza	206
Natal e a Eucaristia	214
Nossos votos e desejos para Jesus Hóstia	220
A Epifania e a Eucaristia	227
A festa do Corpo de Deus	240
O Sagrado Coração de Jesus	246
O Céu da Eucaristia	256
A transfiguração eucarística	261
São João Batista	266
Santa Maria Madalena	272
O Mês do Santíssimo Sacramento	279

Fons Sapientiae

Distribuidora Loyola de Livros Ltda.
Rua Lopes Coutinho, 74 - Belenzinho
03054-010 São Paulo
Tel.: (11) 3322-0100
www.distribuidoraloyola.com.br